松永暢史

【新訂版】

男の子を伸ばす母親は、ここが違う!

JN118005

扶桑社文庫

0718

新訂版文庫本発刊に際してのまえがき

一八歳で家庭教師のバイトを始め、その後教育相談・教育環境設定の仕事もするようになり、気がつけば今年（二〇二〇年）でアッと驚く四五年が経過したことになります。

筆者は、学校教師ではありません。教育学者でもありません。教育について体系学的な深い知識があるわけでもありません。どこまでいっても子どもと一対一で向かい合う、市井《しせい》の個人指導の教師です。そして個々のご家庭の相談相手です。

しかし、このことは、教育に携わる者の中で誰よりもナマの子どもとナマのご家庭と接触してきたことを意味します。このことは、学校教師や教育学者、教育委員会、さらには文部科学省が、直接見たり、知ったりすることのできない現実社会の親子の奮闘の姿を、深く見聞してきたことになると思います。

一対多の環境では、個々の子どもや親は、「子どもの問題」についてはっきり口にすることはなかなかできないと思います。他者の「目」が気になるからでしょうか。また教師たちも、本来は教えることが仕事で、実際の教育カウンセリングの素養がある人は少ないと思います。学者や役人は現場の「報告」は聞けても、ナマの個人の実情を体感することはできないでしょう。

でも一対一の仕事の経験者なら違います。そこにあるのはまさしく「ナマ」だけです。

そうした一対一の「活動」を通じて痛感したことのうち、「これは子どもを持つ世間の多くの人にどうしても知ってもらいたい」と思ったのが、この本の執筆動機です。

男の子には外で友達と充分に遊ぶことが欠かせません。それは何よりも優先されるべきことです。遊びが充分でないと、「オチンチン〝力《りょく》〟」（六頁、一〇頁参照）が健やかに育ちません。一〇代後半に自発的な学力が伸びません。大学に進学してもやりたいことを見つけられません。つまりろくな大人にならないのです。こんなことでは結婚相手を見つけにくいです。仮に結婚して子宝に恵まれたとして、ろくな親になりません。

こう言うと、「言いすぎ」と言われる方もいるかもしれませんが、そんなことはありません。それをお伝えしたいと思って筆を執ったのが、この本です。

子どもが自然体験と友達と充分に関わる環境――それを与えられるのは、そのことがいかに子どもに大切かをよく理解した親だけです。

最初にこの本が出たのは二〇〇六年ですが、それから世の中では不登校の問題が一層深刻化し、インターネットの急速な普及でスマホやゲームに依存するといった症例が急増しました。そんな状況下では、親の判断と実践のあり方――子どもをどう育てるかを考え、そのために何をするか――が問われていると思います。新訂版文庫発刊に際し、そうしたこともやや加筆し、ここに内容も新たにこの本を出版できるのは筆者にとっても新たなる歓びです。

最後に、この本を読んで紹介してくださった多くの方に改めて感謝して、新版のまえがきに代えさせていただきます。

二〇二〇年四月

松永暢史

文庫本のためのご挨拶

男の子が落ち着かなくって困ってしまう。

道を歩けば、わざわざ道路脇のブロックの上を歩く。何かに気づくと、すかさず「待って！」という声より先に飛んでいってしまう。それどころか、傘を差して、やや高いところから飛び降りてみようとする。

木を見れば登ろうとする。虫を見れば捕まえようとする。池を見れば石を投げる。すぐ友達の男の子と競争しはじめる。

とにかく目が離せない。何をしはじめるのかわからない……。

たとえ男の兄弟を持ってはいても、初めて男の子を育てるとなると、とまどわない母親はまずいないでしょう。ついにはイライラして、毎日怒鳴りまくってばかりいる母親の姿も目にするほどです。しかし、そんなことはおかまいなしに、男の子はチョロチョロし続けます。次々に何かを探してきて、それで遊ぼうとするのです。

筆者は、この男の子の行動の特性を「オチンチン〝力〟」と名付けました。つまり、そもそもふつう男とはチョロチョロするものだから、基本的なことを守らせれば、あとはあんまり干渉せずに自由に行動させたほうがよく成長するのではないか。というよりも「今でしょ」と、躊躇《ちゅうちょ》せずに何かに挑み続ける習慣が大切ということかもしれません。そのためには男の子が多くのことを追体験できるような教育環境設定が大切になります。

この本は二〇〇六年に扶桑社から刊行され、幸い多くの人に受け入れられ、追って出版された『女の子を伸ばす母親は、ここが違う！』と合わせて五〇万部を超えるベストセラーとなりました。

今回、同社から「より広い読者に読んでいただくために」というお声掛けをいただき、ここに新たに文庫本として生まれ変わることになったことは、著者として新たなる感慨に堪えません。文庫本化に臨み、加筆修正を行いました。より多くの子育て中の方に読んでいただき、少しでもそのヒントや参考になることができれば著者としてまことに幸甚に思います。

松永暢史

「オチンチン力」――まえがきにかえて

みなさんこんにちは、松永暢史です。

私は常日頃、自分の仕事を「教育環境設定コンサルタント」と称しています。いったい、どんな仕事をするのか、まずご説明しましょう。その業務内容はおおよそ次の三つです。

①受験プロ――中学、高校、大学のあらゆる入試問題を分析し、その合格実現のための最短距離の学習プログラミングを作成し、実行に移す。

②学習メソッド開発――音読法、作文術、サイコロ学習法など、これまで学校や塾で盲点になっている学習メソッドを開発し、伝授する。

③教育カウンセラー――生徒とご家庭に客観的な状況を解説し、最良の教育環境を設定する。

こう書くとなんだか進学塾のパンフレットみたいですが、簡単に言えば、子どもを壊さずに、望み通りの進学を叶《かな》える、その手法を提案するのが私の仕事です。言いかえれば、子どもを無理なく志望校に合格させてあげることこそ、私の使命であり、これがとても大切なことだと考えています。

「無理なく」という点が重要です。無理をしすぎると、子どもが壊れてしまうからです。それでは望み通りの進学が叶っても、まったく意味がありません。

そもそも受験勉強の本質は、合格を目指す学習を通じて知識を獲得するよりも、アタマそのものがよくなるところにあります。受験勉強をしたことで、合否に関わらぬ能力向上を目指すことができるのです。だいいちアタマがよくなっていなければ上級校に進学したあとでついていけなくなってしまいます。だから、教育環境設定コンサルタントの視点からすれば、これは当然のことなのです。


男の子の指導を長年担当してきて、つくづく思うことがあります。男の子というのは、小さな頃の遊びが充分であればあるほど、成長するにつれ勉強ができるようになりやすい、という事実です。これは歴史上の偉大な政治家、科学者、芸術家を見てみれば、すぐにわかります。どの人も、子どものときに充分な遊び体験を重ねた人たちばかりなのです。

これを裏返せば、「男の子はよく遊んでいればいるほど成功しやすい」という、一瞬自分のアタマを疑いたくなるような真理に直面します。ただし、ここでの遊びとは、実体験の伴う活動のことです。テレビやスマートフォン、パソコンなどのゲームのことではありません。あくまで好奇心に基づく、直接体験を目的としたものです。

これをさらに表返すと、「男は、単に仕事ができるだけでは足りない。同時に、オモロイ男でなければ、結婚相手に選ばれない可能性が高い」という、とんでもない未来現実も現れてきます。

子どもたちの未来がそれでいいわけがありません。せっかく育てたわが子が将来、結婚できないような男になるのでは、何のための世代交代であったかわからないではないですか。

では、それにはどうしたらよいのでしょう。

ここで注目すべきなのが「オチンチン力」です。

オチンチン力とは、簡単に言えば、男の子のチョロチョロする能力のことです。余計なことをする力、とんでもないことを思いつく力、ふつう母親や学校の先生（とくに女性の場合）なら、「落ち着きがない」「目立ちたがり」と見なしていると思います。しかし、オチンチン力こそが、男の自主性、自立性、創造性、知性、行動力の源なのです。

今、人類進化のもととなったオチンチン力は、学習の妨げとされて塾でも学校でも疎まれ、そのほかの習い事や宿題に大切な遊び時間を奪われて発達を阻まれています。しかも、都市化した生活の中で、スマホやパソコンなどのゲームやテレビ、コミックスといった室内遊びによって減退され、あげくの果てはニートやひきこもり、最悪自己抑制のない突発的な凶悪犯罪を頻発させかねないと言ったら過激すぎるでしょうか。

最近の男子の精彩のなさは、多くの女の人が実感していると思います。しかし、それは、そもそも彼らがそうであったからではなく、彼らがそうされたからそうなってしまっているのです。

少子高齢化社会の中での男子——私たちは、過剰な期待と必要以上の身の保全に気を取られすぎていると思います。そして、それこそがオチンチン力を減退させている原因です。

これは決して大げさでなく、民族最大のピンチです。「父性の喪失」どころではございません。女の人が強くなったのはわかりました。もうこれが覆ることはないでしょう。しかし、「強者」が幼い男の子たちのオチンチン力をないがしろにしているのは、許すべからざる事態です。その結果、つまらぬ男の量産なんて、女の人たちだって本心から望んでいることでしょうか。

社会を守るのはマジメな男たちですが、未来を創るのは、オモロイ男たちです。知性とコミュニケーション力をはぐくむにはどう対応すればいいか。

男を育てる遊ばせ方とは何か。

とどのつまり男の子はどう育てたらよいのか。

この本は、これらのことをわかりやすく解説していきます。

ただし、何事にも「例外」があります。同じ顔がふたつとないように、ひとつの意見がすべてのケースに当てはまることはありません。そういうときには、どうか私の意見を「参考」としてお読みくださるようお願い申し上げます。とりあえず「現場」はこのように言っておる、と。

——男のオチンチン力ほどオモロイものはない。

そして、そのオチンチン力の根源は、人類愛である。
それゆえに、このオチンチン力を無視した教育は許されない。

松永暢史

目次

新訂版　男の子を伸ばす母親は、ここが違う！

第二章 躾ける 93

第三章 はぐくむ 177

装丁　新昭彦(ツーフィッシュ)
装画　きつまき
編集協力　堀田康子

Chapter 01

第一章

学ばせる

Point 1

本格的な勉強は、一四歳以降でよい

最初に、少しだけ受験について見ておきましょう。

第二次大戦後の経済成長とともに、一九六〇年代後半には人口が一億人を超え、国民の間に「一億総中流」意識が浸透していきます。この頃がいわゆる「受験戦争」の始まりですが、そのときは大学受験が中心でした。

そして八〇年代に入り、受験戦争は大学だけでなく、中学受験へと低年齢化していきます。その後、バブル経済が崩壊した一九九一年頃からの「失われた二〇年」により、日本は格差社会へと大きく様変わりしました。いつの間にか「人生の勝ち組・負け組」という言葉が取りざたされるようになり、誰もが「勝ち組」を目指して必死になっていきました――それが日本の現状です。

この「勝ち組」とはすなわち、人生の勝者を意味していますが、これは「社会的な地位を手に入れ、経済的に恵まれること」に尽きるようです。その代表が、ヒルズ族やＩＴ長者というのが一般的な見解です。

本来は一芸に秀でることや、芸術やスポーツ、あるいは学問の分野で世界に羽ばたく人こそ、「勝ち組」のはずです。しかし、一般的には財産と社会的地位こそが「勝ち組」のようです。

ともあれ、誰もが「勝ち組」の仲間入りを目指しているのは、否定できません。手っ取り早く勝ち組になるには、「いい大学に入り、いい企業に就職すること」が不可欠だ、と考える人が多いような気がします。そして、それが受験での競争をより過激にしているのです。

そこで登場するのが「幼児教育」です。いい大学に入るためには、一日でも早く受験勉強を始める必要がある、と考えるのはもはや常識。有名私立幼稚園や有名私立小学校の受験のことを揶揄《やゆ》して、いわゆる「お受験」と言うようになったのは、もうずっと昔のことです。

幼児教室にピアノ、スイミング、英会話など習い事をいくつもかけもちし、常にお母さんと一緒にどこかに出かけている……子どもの生活も、ずいぶんとハードなものになりました。

「教室といっても、遊びのようなものだし、本人もけっこう楽しんでいるんだからいいじゃない」

そう考えている親御さんも、いるかもしれません。

確かに、幼児教室で行っている勉強は、カードを使ったりカラダを使ったりと、大人から見ればお遊戯のようなもの。公園で遊ぶのと、なんら変わりないように思いがちです。

これは大きな間違いだと、初めに断言しておきます。

ピアノやスイミングなどの習い事も含めた幼児教室では、子どもの興味を引きつけるため、さまざまな遊びの要素を取り入れています。しかし、そうした遊びはすべて大人が決めたルールに従ったものであり、予定調和的なものなのです。この事実に、もっと注目してほしいと思います。

たとえば、公園で遊ぶことを考えてみてください。突然隣にやってきた子が、お気に入りのおもちゃを取り上げてしまうこともあるでしょう。一生懸命集めた葉っぱが、池に落ちて流れていってしまうこともあるでしょう。ベンチに置いてあったおやつをカラスに盗られることもあるでしょう。

一方、幼児教室では、こうした「思ってもみなかった展開」「突然のアクシデント」はほとんど起こりません。

「だから安心なんじゃないの」とおっしゃるかもしれませんが、それは大きな間違いです。

偶然の出来事こそ、予想外のおもしろさを見つけたり、さまざまな感情を体験したりするチャンスなのです。

私は、こう考えます。子ども、とくに男の子の学習能力を高めるために必要なのは「小さい頃に充分に遊んだ経験」である、と。それは決して、早くから勉強をスタートすることではないのです。

大事な点なので繰り返しますが、この遊びとは、ひとりでゲーム機やスマホで遊ぶことではありません。自然の中で、カラダを使って、友達と群れて遊ぶこと。この経験が、男の子にとって重要なのです。

自然の中で遊ぶと、そこからさまざまな「不思議なもの」「きれいなもの」が見つかります。

カラダを使って遊ぶと、そこで「こんな場合はこうすればうまくいく」という経験を積み重ねることができます。

そして友達と遊ぶと、「自分ひとりでは見つけられなかったおもしろさ」を発見し、他人とうまくやっていくためのコミュニケーション力を身につけることができます。

男の子はこうして、遊びを通して得た経験がカラダの中に積み上げられていく、と考えてください。

同世代の女の子がコツコツ勉強している姿を見ると、つい「うちの子は遊んでばかり」と不安になるかもしれませんが、中学生になっても遊び続けている子はむしろまれです。自分からか、あるいは周囲の状況からか、または受験を考え始めたときからか、必ず「勉強しないとヤバイ」という状況に、子どもたちは置かれるようになります。

そこで、まともに勉強に取り組んだとき、遊びを通して得た経験が生かされてくるのが、男の子です。

たとえば、電車が大好きで駅名を覚えるのが得意だった子どもは、化学記号を覚えるときに駅名を暗記するやり方を当てはめるようになります。友達と喧嘩《けんか》しながら遊んでいた子どもは、国語で文章を読んだとき、登場人物の心の動きに容易に気づくようになります。タングラムなどのパズルが得意な子は、算数で図形の勉強がスイスイとできるようになります。

そして何よりも、それまで充分に遊んだ子どもたちには、大きな「伸びしろ」があるのです。

親御さん自身も経験されているでしょうが、このように、実体験から得た知識のほうが、丸暗記で覚えた知識よりも確実に身につきます。

料理を覚えるには本に書いてあるレシピを丸暗記するより、実際に作ってみるのが一番、という例はこの典型です。

実際に体験して得た知識は、ほかのことにも応用できる知識なのです。

「うちの子は遊んでばかりで、ちっとも勉強をしない」と心配する必要はありません。本格的な勉強は、一四歳以降で充分なのです。それまでは、思いきり遊ばせてください。とくに、男の子は！

Point 2 受験産業を盲信すると、子どもを壊してしまう

突然ですが、あなたは小学生のとき、どんな生活を送っていましたか？

今の親世代では「子どもの頃から家業の手伝いをしていた」「弟妹の世話をして

いた」などの理由で遊ぶ時間があまりなかったという人は、少数派なのではないでしょうか。

おそらく、多くの方が「小学校から帰ると、あたりが暗くなるまで遊びまくっていた」「学校から帰ると、お友達と一緒に、好きなことをして遊んでいた」という毎日を送っていたのではないでしょうか。

ところが、あなたのお子さんはどうでしょう。あなたの子ども時代と同様に、学校から帰るとすぐにどこかへ遊びに行きますか？　答えは「ＮＯ」ですよね。大多数の子どもは「ランドセルを置くと、すぐに塾に行く」のではないでしょうか。

現在、進学塾に通う子どもは、増加する一方です。大慌てで学校から帰ると、簡単な軽食をとり、そのあとすぐ、自転車に乗って塾に行きます。電車を利用する子も多いでしょう。帰宅するのは、あたりが暗くなってからというのは当たり前。家に帰ると急いで夕食を食べ、就寝前まで塾や学校の宿題をする……という、過酷な生活を送っている子が少なくありません。そうでなければ部屋にこもってゲームやスマホ三昧で、ほとんどカラダを動かさずに長時間を費やしているのでしょう。

自分自身の子ども時代とまったく違う生活をしているわが子を見て、親御さんはどう考えているのでしょうか。

多くの親御さんは「有名私立中学に入るためには、塾に通うのは不可欠」と思っているかもしれません。でも、ポイント1でも述べた通り、子どもの学力を伸ばすために欠かせないのは、友達同士で遊ぶことです。塾通いをしていたら、どうやっても遊ぶ時間を充分にとることなど不可能です。

「受験で子どもが壊れる」という話を聞くと、すぐに「受験に失敗したことがトラウマに」というケースを思い浮かべるかもしれません。だから、いい塾に入って合格することが大切だ、と。

ところが、実際はそうではありません。子どもが受験で壊れてしまう原因は、まったく違うところにあります。むしろ、受験勉強で遊ぶ時間を失っているため、人として大切なコミュニケーション能力を身につけられなかったり、人生の楽しみを見つけられなかったりするほうが、大きな問題なのです。

実際に、受験でつぶれてしまうお子さんを見ていると、親が「あの塾に入れれば大丈夫」とばかりに、進学塾を盲信しているケースが非常に多いのです。名前を聞けば、広告も多く合格率も高い超有名塾なので、親としては「ここなら！」と思ってしまうかもしれません。でも、よく考えてみてほしいのです。

多くの有名進学塾は、広告で「○○中学合格者○名」などと、有名校への進学率の高さを謳《うた》い文句にしています。わが子の進路について日夜悩んでいる親御さんにしてみれば、それだけで「ここならうちの子を志望校に入れてくれるはず」と思い込んでも無理ないところ。しかしです、これはあくまでも宣伝文句です。

そう、たとえばダイエット食品の広告を思い浮かべてください。そこには何十キロもやせた人が登場しています。何十キロもやせた人がいるのはウソとは言いませんが、その裏には過酷な食事制限や運動があったのは、想像に難くありません。実際には、やせることができなかった人のほうが多いことでしょう。

進学塾も同様です。確かに、有名校への合格を果たした子どもは何人かいるはずです。ただ、その学校を何名受けたのかという分母は、決して書かれていません。合格者の背後には間違いなく、多くの「脱落者」がいるのです。

それでも、多くの親御さんは「脱落者にならないためにも、塾での授業についていかなければ」と考えるようです。結果として、子どもを過酷な詰め込みの勉強へと駆り立ててしまいます。

私はこのような親御さんに出会うたびに「受験産業の犠牲者」という言葉を思い浮かべてしまいます。

もう一度、よく考えてみてください。進学塾は、利益を追求する一企業です。だからこそ、文部科学省ではなくて、経済産業省の管轄になっているのです。職種としては、サービス業にあたります。

進学塾の最大の目的は、あなたのお子さんの学力を上げることではありません。目的はただひとつ、企業としての業績アップです。

企業としての業績を上げるためには、よりたくさんの子どもを集めるとともに、難関校への合格者を多く出すことで世間に「あそこなら合格できる。わが子も入れなければ」と思わせるのが最も効果的です。一人ひとりの学力に合わせていたら、業績は上がるはずがありません。

こうして、進学塾の方針が決まります。入塾者全員の成績を底上げするのではなく、突出してできる子だけに合格できる技術を詰め込む。落ちこぼれたちはひとまとめにして、業績アップを果たしてくれそうな子の勉強の邪魔にならないようにする……。進学塾の成績別クラス編成は、何よりも効率よく利益を出すための方策なのです。この「二極化」は、何もお金を払ってまで、それを受ける必要性はないとも言えるほどです。

もし「受験に成功するには、有名塾に入り、成績上位クラスに入らなければ」とばかりに、進学塾へ行ったとします。まさに、寝食を忘れるほど勉強漬けになることは明らか。このことが、いったいどんな結果を生むのでしょうか。苦労のかいあって、みごと合格を果たすかもしれません。でも、その内実はどうでしょう。

過酷な詰め込み教育によって、豊かな経験を積むこともなく、感受性をはぐくむこともなく育ってしまった子は、どんな大人になるでしょうか。

「勉強はできるけれど、人とコミュニケーションがとれない」「成績はいいけど、おもしろみがまったくない」……わが子をそんな大人にしたいですか？

だからといって、中学受験そのものを否定する気はまったくありません。ただ、考えていただきたいことがあるだけです。

受験だけのために過酷な塾通いをするなら、進学率の高さよりも「家から近いこと」を基準に選んだほうがいいと思います。塾通いのために無駄な時間を費やすよりも、同じ時間に友達と遊んだほうが、よほどその子の学力を伸ばしてくれるからです。とくに中学受験を考えているなら、このことはぜひ念頭に置いて塾選びをしていただきたいと思います。塾選びには「その塾に通うと、子どもの時間がどれくらい奪われるか」を考えることが重要なポイントになります。

Point 3 学校を盲信すると、騙される

「どうも、公立校はアテにならない」

こう言う人が、ますます多くなってきました。セクハラ教師や暴力教師といった極端な例は論外ですが、サンダル履きで（そんなことはどうでもいいですが）授業をする緊張感のない教師や、教科書以上のことは教えず（そんな内容ですらおぼつかない人が多い⁉）、宿題も業者のテキストをコピーしたものを渡して済ませるという無気力教師は、数限りなくいます。

昨今取りざたされる学力低下の問題も、公立校が中心となっている感は否めません。もはや、教師は聖職ではない——これは多くの方が痛感していることだと思います。

まず、しっかり認識しておきたいのは、公立校の教師は「公務員」であるという

こと。公務員のみなさん全員を批判するつもりはまったくありませんが、公務員というのは能力や成績が昇給というカタチで評価されません。だからでしょうか、やはり「必要以上のことはしない」という感覚を持つ人がとても多いのは事実です。この傾向は、教師でも同様にあります。

しかし、教育において重要なのは、教育する者が「必要以上のことをする」気持ちを持っているかどうかだと、私は考えています。教育とはサービスの代表。サービスなら、余分なことに神経が回らなければなりません。

たとえば、クラスで最近、なんだか元気のない子どもがいたとします。いじめの可能性を疑い、友達関係を観察したところ、別にトラブルが起きている様子はありません。となると考えられるのは、家庭や塾でのなんらかの悩みです。

ところが、教師に責任があるのは学校内での出来事なのですから、学校外の出来事に首を突っ込むのは、まさに「必要以上のこと」です。心ある先生なら、必要以上のことだと承知のうえで子どもの話を聞いてやり、親と連携を取って悩み解消に努めてくれるはず。でも、現実はどうでしょうか。もはやそんな教師はごく少数だと、みなさんも実感されているのではないでしょうか。

勉強面でも「必要以上のこと」の重要性は変わりません。たとえば、九九がなかなか覚えられない子に対しては、わかりやすい教材を作ってあげれば効果的です。でも、すでに渡してある教材では理解できないとわかっていても、改めて教材を作ることはしません。なぜなら、それは「必要以上のこと」だからです。そんな先生は「繰り返し何度も教材をやりなさい」と言うのが関の山でしょう。

これは、公立校の教師が公務員である以上、仕方ないことなのかもしれません。いくらクレームをつけたところで、「その子だけ特別扱いするわけにはいかない」と言われて終わり。こういう例はあちこちで耳にします。税金を払っていながら、私たちの社会の将来に関わるサービスがきちんとなされないのは、なんとも納得がいきません。

みなさんにぜひ、わかってほしいのは「学校には期待しない』ということです。学校とは、とりあえず教科書通りのことを教えてくれ、日中は子どもの安全を確保してくれる場所。そのくらいに考えておいたほうがいいのです。「自分の子どもの特性を見極めて、最適の指導を」と望んだところで、それは不可能だし、無意味です。

公立校だけでなく、私立校でも同じことが言えます。教師の言うことを聞いて、宿題などをまじめにこなす子どもだけを集めて「特進科」を一、二クラス設ける私立校が数多くあります。過重な受験知識の修得のみを目的とした特進科の子どもは、通常七時間の授業に加えて補習があり、さらに家では膨大な宿題はもちろん、予習復習もしなければならず、睡眠不足に陥ります。絶え間ない詰め込み学習で疲れきってしまう子どもが、必ずある一定の割合で出現します。その結果、クラスの半分以上が落ちこぼれてしまうのです。

特進科に入れない「その他大勢」の子どもは、とにかく成績優秀な子どもたちの邪魔にさえならなければいい、という考えなのです。でも、そういう生徒が「お客様」になってくれてこそ、私立校の経営が成り立ちます。こんな私立校が驚くほど増えてきました。つまり、ここでも「子どもの特性を見極める、最適の指導」は望めないのです。

なぜ、こんな事態になるかというと、「私立校は学校であると同時に、営利目的団体」だからです。親たちの支払った授業料などから、経費を差し引いたお金を上のほうで分け合います。この「分け前」をできるだけ多くすべく、上層部は日夜努力しているのです。

少子化が進めば進むほど、生徒が集まらず消えていく私立校は、想像以上に多くなると考えられます。となると、私立校はより多くの生徒を集めるために、存亡をかけた取り組みをしなければなりません。その最も手っ取り早い方法が「進学率を上げ、あの学校なら一流大学に合格できるという称号を得る」こと。特進科を設けて、成績優秀な子どもたちに受験テクニックを詰め込むのは、生き残りをかけて学校のランクを上げる秘策なのです。

このように、公立校は公務員の集合であり、私立校は営利目的団体。親はそのことを決して忘れてはいけない、と考えます。これからの時代、学校は「任せる」ところではなく、「利用する」ところです。

子どもの様子をよく観察し、悩みがあるようならそれを聞いてやり、勉強で行き詰まっていたら最適の方法で導いてやる——こうした「教育に欠かせないケア」は、もはや学校には望めない、と割りきる必要があります。

そこで重要になるのは「親の力」です。学校が子どもをきちんと見てくれないのなら、親が子どもを観察して、悩みがあれば聞いてやり、勉強で行き詰まっていたら塾や家庭教師を検討するなど、最適の勉強法を模索しなければなりません。

学校を盲信し、「任せておけば大丈夫」という神話は、とっくに崩壊しています。子どもが伸びるかどうかは、親次第。そのためにも子どもを観察し、何が必要で何が不要なのかをきちんと見極めることが大切です。

Point 4 好きな教科をこそ、究めるべきだ

さて、ここで質問です。

あなたは「子どものいいところと悪いところを一〇ずつ挙げてください」と言われたとき、長所と短所のどちらが早く一〇個揃《そろ》いますか？

おそらく、素早く一〇個揃うのは「悪いところ・直してほしいところ」ではないでしょうか。短所ばかりが気になり、長所は見落としがちという傾向は、身近な間柄ほど強くなるものです。ご主人の長所・短所でもお試しいただければ、さらによくわかるはずです。これは必ずしも、あなたが悪いところばかりに目がいきがちな、マイナス思考の持ち主だからというわけではありません。

配偶者や子どもの悪いところにばかり目がいってしまうのは、実は「もっとよく

なってほしい」という気持ちの表れ。いわば、愛情の裏返しとも言えます。だからといって「悪いところ」ばかりあげつらって「まったくあなたは……」と小言ばかり言っても、何も改善されません。

これは冷静に考えれば、おわかりでしょう。誰だって自分の欠点ばかり突きつけられたくないし、ましてや欠点を指摘してくれてありがたい、という素直な気持ちにはなかなかなれないものです。しかし、こんなときは「欠点には目をつぶり、いいところを褒めて伸ばす」ことに心を砕いたほうが、よい結果が得られます。

実は、勉強でもまったく同じことが言えるのです。たとえば、お子さんが「算数は苦手だけど、国語は得意」だと、親としては「得意な国語は放っておいてもできるのだから、苦手な算数を克服すべき」とばかりに、「国語はいいから、算数の勉強をもっとしなさい！」と子どもをせき立ててしまいがちです。

ところが、これがまったくの逆効果。苦手なことばかりやらされていると「勉強＝苦痛」になり、いつの間にか勉強嫌いの子どもになってしまいます。下手をすると、得意だったはずの国語さえ嫌いになってしまうことさえあります。これでは、わざわざ子どものアタマを悪くしているだけです。

子どもの能力をアップさせる勉強法とは「得意な教科・好きな教科をとことんやらせる」ことに尽きます。国語が好きなら国語を、算数が好きなら算数をやらせ、苦手な教科はとりあえず置いておくのです。

たとえば、算数が大好きな子どもなら、九九の表を見たときに「九の段の答えは、一の位と一〇の位を足すと必ず〝九〟になる」という発見をするなど、もともと好きなものだけに、次々と「おもしろさ」を見つけていきます。

このような発見をすると、勉強は苦痛になるどころか、楽しいものに変化していきます。さらに「自分は算数が得意だ！」という自信を持つようになります。この自信は、やがて「僕って勉強が得意だ」「ひょっとしてほかの教科もやればできるんじゃない？」と思いはじめるようになり、苦手な教科でも「じっくり観察すればできるはず」という確信を持って取り組む姿勢が生まれるようになるのです。

たとえば、九九を暗記するときに独自の法則を発見して、楽しく簡単に覚えられるようになった子どもは、漢字を覚えるときでも「感情を表す漢字には〝りっしんべん〟がついている、カラダの部位を表す漢字には〝にくづき〟がついている」という法則をすぐに発見することができます。

このように得意な教科を通して得たその子なりの学習テクニックは、子どもの能力を飛躍的に伸ばしてくれます。

国語では一〇〇点を取れるのに、算数では五〇点しか取れない子ども（またはその反対の子ども）というのは、とても多くいます。親としては「算数を頑張らなきゃ。算数の勉強をいっぱいしなさい」と言いたくなるでしょう。でも、苦手な教科ばかり勉強させると、国語・算数ともに一〇〇点を取れる可能性よりも、国語・算数ともに七〇点、六〇点になってしまう可能性のほうが高いのです。さらに、勉強自体が嫌いになって、どんどん成績が落ちることも考えられます。

考えてもみてください。あなたが「料理は好きだけど、掃除は苦手」だったとします。そんなとき、「料理はしなくていいから、掃除だけ一生懸命やりなさい」と言われたら、どうでしょう。家事のすべてが苦痛になってしまいませんか？　それより、料理をもっと究めて家族に喜ばれ、「ホントにお母さんて料理上手だよね」と褒められ続けたら、どうでしょう。ほかの家事も頑張って喜んでもらえるようになりたい、と思いませんか？

勉強だって同じです。大好きな教科を究めて学習能力を向上させ、向上した学力でほかの教科の勉強をする――これが最も効果を発揮できる勉強法です。

Point 5 本当に大切なのは「国語力」

たとえば、誰よりも早く九九を覚え、暗算も得意、漢字の書き取りテストはいつも満点という男の子を見て、ふと「うちの子もあの子くらいアタマがよかったら……」と嘆息していたある日、たまたまその子が書いた手紙を読んだら、何が言いたいのかさっぱりわからなかった、と想像してみてください。

あるいは、一流大学を出ていることが自慢の先輩と小説の話をしていたら、まったくトンチンカンな感想を口にしたり、作者の意図に気づいていないことがわかってしまった、と想像してみてください。

その瞬間、きっとあなたは「なーんだ」と思うのではないでしょうか。「アタマがいいと思っていたけど、大したことないじゃないの」と。

どんなに計算が速くても、暗記が得意でも、あるいはどんなにいい大学を出ていたとしても、自分の考えをうまく文章に書けない人や、文章を味わい、行間に隠れた深い意味を読み取る力がない人は、決して「アタマがいい」とは言えません。

文章力・読解力とは、すなわち「国語力」にほかなりません。ですから、真のアタマのよさとは、国語力に裏づけられているものと言えます。

「子どもが本格的に勉強を始めるのは、一四歳からでいい。それまでは思いきり遊ぶべき」――私は常々、こう申し上げています。もちろん、まったく勉強をしなくてもいい、というわけではありません。勉強の基礎となる力は、しっかりと押さえておくべきです。

では、その「勉強の基礎となる力」とはなんでしょう。勉強の基礎力とは、計算力、漢字力、そして国語力です。なかでも最も重要なのが、文章を正しく読み、内容を理解し、そして自分の考えていることを的確に伝える文章をつくる国語力（日本語了解能力）です。

考えてもみてください。子どもが使う教科書やテキスト、そしてテストは、すべて日本語で書かれています。どんなに計算が速くても、どんなに化学記号を覚えていても、教科書やテキストに書かれていることを正しく読み、理解する力がなければ、内容を確認することはできません。テストの場合であれば、問題を解くことさえできないのです。

「国語力」というと、すぐに「うちの子は漢字の書き取りが得意だし、覚えるのも速いから問題ない」とおっしゃる親御さんもいるかもしれません。でも、いくらたくさんの漢字を知っていても、その漢字を文章中で適切に使うことができなければ、国語力があるとは言えないのです。

男の子の親御さんはとくに「男の子は理数系が得意で、文系は苦手なもの」と思い込む傾向があるようです。さらに問題なのは、国語のテストが大学のセンター入試に代表される入試問題に至るまで、「選択・穴埋め問題」が多いことです。自分で文章を書かせる問題はほとんどないため、ある程度の点数が取れるようになると「これで国語もＯＫ」とばかりに、安心してしまう生徒をよく見かけます。

これは大きな間違いです。先にも述べましたが、いくら漢字をたくさん知っていようと、選択・穴埋め問題でいい点数を取ろうと、自分で文章を書ける力がなければ国語力はつきません。国語力がないと、いつか勉強でつまずいてしまいます。

では、大切な国語力は、どうやって身につければいいのでしょうか。

本を読むのもよい方法ですが、それよりもっと効果があるのは、文章を書かせること、そう、作文です。作文は文章を理解する力が伸びるだけでなく、自分で文章の語尾を選択することで、選択肢問題に強くなるというメリットもあります。

ところが「作文は学校でしか書いた経験がない」という子どもがほとんど。しかも、学校では「運動会の思い出」など書きたくもないテーマを押しつけられ、強制的に書かされるばかり。これでは作文嫌いになるのも、文章力がつかないのも当然です。だからといって、これを放置しておくわけにはいきません。

子どもに本当の国語力をつけさせたいと思ったら、学校任せにせず、できるだけ自由に文章を書かせることです。たとえば、楽しいことがあったときやおもしろいことがあったときに、子どもは目を輝かせて親に報告に来るはずです。そのとき、「それ、おもしろい！　お父さんにも教えてあげたいけど、お父さんが帰ってくるのは夜遅くだから、ちょっと書いておいてよ」などと言って、紙に書かせてみましょう。

書かせる前に子どもの話をじっくり聞きだすと、子どもは細部まで思いだすことができ、文章にしやすくなります。そして、子どもが書き上げたら、たとえそれが作文のカタチになっていなくても「おもしろい！」と絶賛してあげます。

このとき、決してしてはいけないのは「ここのところはもっとこう……」などやたらと添削すること。これでは、苦労して書いたかいがありません。気になる箇所があってても目をつぶり、とにかく褒めまくりましょう。もちろん、お父さんにも協力してもらい、翌朝「昨日の作文、読んだよ。すっごくおもしろかった！ また書いてくれよな」などと褒めちぎってあげてください。

このことで「文章を書くのっておもしろい」「また書いて喜ばれたい」という思いが、必ず子どもの中に芽生えます。この経験を繰り返すうちに、自分の伝えたいことを適切に文章で表現する力がつき、さらに文章を書く喜びを得られるようになります。アタマがよくなるのは、こんな子どもです。

Point 6

「正しい音読」で、国語力が飛躍的に上がる

一生懸命勉強しているのに、さっぱり成績が上がらない。頑張っているように見えるのに、学力がいまひとつ……。このような勉強に困難を抱えている子どもは、実はたくさんいます。学力低下が問題視されるようになって久しくなりましたが、

私は「学力低下の原因は、子どもたちが勉強をしなくなったからというわけではない」と考えています。

もちろん、学校では授業をロクに聞かず、家に帰ってからはスマホでＹｏｕＴｕｂｅを見たり、ゲームをしたりして、教科書をまったく開かないという子もいます。そのような「勉強嫌いで成績はさっぱり」という子どもは、昔から必ず一定数いました。ところが現代では、前述の通り一生懸命勉強もしているし、塾にも通っているのに成績が上がらないという子どももがいるのです。

そんなお子さんに会って話を聞いてみると、みごとなまでに共通点があります。それは「国語力がない」ということ。問題を読んで理解する力、的確な文章を書く力がないことが、学力低下の真の理由ではないか、と私は考えています。

国語力をつけるには、文章がどのように構成されているかを即座に見極める力が欠かせません。これは、自分で文章をつくることによって、知らず知らずのうちに身につくもの。だから、ポイント5でも述べた通り、国語力を向上させるために、作文が有効なのです。

実はもうひとつ、国語力を上げる方法があります。それが「音読」です。

ここで、音読がなぜ、国語力を上げるのか、を考えてみましょう。

よくできた文章を声に出して読むと、「文章はどのようにつくられているか」を効率よく頭に入れることができます。これが「音読が国語力を上げる」最大の理由です。

国語には助詞や助動詞、つまり「て・に・を・は」をどこでどう使うか、それを見極める力が欠かせません。たとえば「メロスは走った」なのか「メロスが走った」なのか。伝えたいことや、そのあとに続く文章によって「て・に・を・は」を使い分けるという国語の基本は、理屈で覚えられるものではありません。繰り返し文章を読むことで、感覚的に身についていくものなのです。

「音読なんて学校でしょっちゅうやっている」とおっしゃるかもしれません。なるほど、国語の授業では「では、○ページの○行目から読んで」と、生徒を次々当てていきます。

あるいは、小学校の低学年のときに「音読の宿題」が出たという人もいるでしょう。実は、このときの「読み方」が問題なのです。それに気づいている教師や親御さんが、いったいどれほどいるでしょうか。

「教科書を読んで」と言われたとき、おそらくほとんどのお子さんは流れるように読もうとするはずですし、教師もスムーズに読むことを要求するでしょう。音読の宿題も「何回読んだか」ばかりに重点が置かれ、「読み方」に注意が払われることはほとんどありません。

しかも、男の子にとって音読はどこか照れくさいものであるため、口の中でモゴモゴ読んだり、やけに早口で読んだりすることが多いようです。さらに、どんなものでも遊びに変える男の子の特性が悪いほうに出て、「いかに速く読めるか」に情熱を傾けてしまう子が続出する始末。これでは音読の意味がありません。

私は、国語力を飛躍的に伸ばすメソッドとして「一音一音音読法」を開発しました（くわしくは拙著『未来の学力は「親子の古典音読」で決まる！』〔ワニ・プラス刊〕と『将来の学力は10歳までの「読書量」で決まる！』〔小社刊〕を参照してください）。

それは決して「何回読んだか」を問うものではありません。なぜなら、国語力をつける音読とは、回数を問題にするものではなく、スムーズに読むことでもなく、ましてや速く読むことでもないからです。

では、国語力がつく「音読法」とは、なんでしょうか。

それは「大きな声で、ゆっくり、一音一音をしっかり区切って読む」方法です。「メロスは走った」ではなく「メ・ロ・ス・は・走・っ・た」が正解。このとき、演劇の訓練のように、口のカタチを意識して読むようにすると、なおよいでしょう。

この方法だと、先ほど説明した「て・に・を・は」を強く意識することができ、助詞や助動詞の使い分けが自然と頭に入っていくようになります。

さらによいのが、まず古代語を一音一音区切って読む方法。

その方法で『万葉集』『竹取物語』『古今和歌集』『枕草子』『源氏物語』『平家物語』『徒然草』と、年代が古い順に重要な作品を音読していくのです。これで『奥の細道』、明治時代の文学作品と読み進めるうち、ほとんどの子どもが日本語の成り立ちを体験・了解します。

そのうえで現代文を読めば、国語の教科書はもちろん、すべての教科の教科書がラクに読めるようになり、国語力が確実に身につくのです。この音読法の効果はまさに絶大で、それまで学力低下に苦しんでいた子どもも、みるみる成績が上がっていく……まさに奇跡のような学習法が、この「音読法」です。

お子さんがまだ小さく、古代語を読ませるのは早すぎるというのなら、国語の教科書から始めてもいいでしょう。ただ、「一音一音を区切って、ゆっくり読む」「口のカタチを意識して読む」――この二点だけは、はずさないでください。

もしかしたら、学校では「感情を込めて、情感豊かに」と指導されるかもしれませんが、それはあくまでも朗読。朗読では「て・に・を・は」をはっきり発音するどころか、自然にスッと消えるような発音が求められるものです。

これでは「文章の構造を理解する」という目的を果たすどころか、まったくの逆効果。朗読は、俳優やアナウンサーに任せておけばいい話です。音読の目的は国語力の向上だということを、忘れてはなりません。

最近は音読流行《ばや》りで、俳優やアナウンサーによる音読CDも数多く出ています。さすがにプロですから、じっと聴いているだけで物語の世界に引き込まれる力があります。でも、これを音読の手本だと思うのは、大きな間違いです。

もし音読CDを聴いたとしても、「あなたもこんなふうに読んで」などと言ってはいけません。ただでさえ音読が照れくさい男の子に、このような「朗読」を押しつけては、ますます音読がイヤになるばかりです。

繰り返しになりますが、子どもに教えるのは「て・に・を・は」に気をつけ、ゆっくりと大きな声で読み、文章構造を理解する「一音一音区切る音読法」。お子さんの国語力をつけ、学力を向上させるためにも、ぜひお試しください。

Point 7
「ママ友」情報は、真に受けちゃダメ

幼稚園の送り迎えのあとやランチタイムに、お母さんグループがおしゃべりに興じている姿をよく見かけます。おしゃべりするお母さんたちの横で、すっかり退屈した子どもがぐずっていたり、店内を走り回ったりしている光景を見ると、つい「早々に切り上げてやればいいのに……」と思うこともありますが、育児や家事の息抜きはとても大切なことですから、おしゃべりでリフレッシュするなら大いに結構でしょう。

ところで、このようなお母さん仲間とのひとときで、あなたはどんなことを話していますか?

女性同士のおしゃべりは、次々と話題が目まぐるしく変わるものですが、お母さ

ん同士のおしゃべりでは、やはり子どものことが中心になることでしょう。躾《しつけ》に関する悩み相談や子育てのつらさを打ち明け、それで気持ちがラクになるのなら、それはとてもいいことです。しかし、子どもが小学生になった頃から、話題は少しずつ変わっていくのではありませんか？　それは、子どもの教育に関する話題。とくに多いのが、塾や教室の情報交換ではないでしょうか。

確かに「そろそろ塾に通わせたい」「何か習い事を始めさせたい」と思っていても、どこに通えばいいのか、そもそも近所にいい塾や教室があるのかどうかさえわからない人は多いでしょう。そんなとき、実際にわが子を通わせている人から情報を集めることは、塾や教室を選ぶ際の王道とされています。

でも、本当にそうなのでしょうか？　たとえば「どこかいい塾を知らない？」と聞けば、「あの塾はいい」「あそこには素晴らしい先生がいる」「あの教室は教え方が上手」など、さまざまな情報が集まってくるでしょう。とくに情報収集をしようと思わなくても、「うちの子は落ち着きがなくて……」と愚痴ったとたんに、「だったら○○を習わせたら？　うちの子は習い始めてから、落ち着きが出たのよ」と親切（おせっかい？）に教えてくれる人もいるかもしれません。

このような話を聞いてもまったく影響を受けない、もしくは子どもの教育について他人に相談はしないという方がいたら、この項は読まなくて結構です。ぜひその方針を貫いてください。

でも、多くのお母さんは「ママ友との会話は大切な情報交換」と考えているようです。ほかの人から「あそこはいいわよ」と言われると、すぐに「それじゃあ、うちの子も……」と、少なからぬ影響を受けているように思えるのです。

ここで断言しますが、これは「大きな間違い」です。

そもそも、他人に話せる子どもの教育は「成功談」である場合のほうが多いと思いませんか。「あの塾に通ったら、成績が落ちた」「ピアノを習わせたがこれが大失敗で、結局お金をドブに捨てたようなもの」などと自分の失敗をざっくばらんに話してくれるケースは、少ないのが実態です。

語られるのは「○○を習わせたら、落ち着きが出た」「あの塾に通ったら、成績がアップした」など、「自分の子どもは○○をしたからよくなった！」というものばかり。まるで「ここに入らなきゃ損するわよ」と言わんばかりのときは、まずは少しだけ冷静になっていただきたいのです。

なぜなら、いくら成功例とはいえ、あくまでも他人の子の話。すべての子どもに当てはまるものではありません。ところが、それを理解できず、すぐに「それならうちの子も始めましょう！」と飛びついてしまう人が、多いのではないでしょうか。

そして、ピアノがいいと言われればピアノを始め、習字がいいと言われれば書道教室に……と、次々と教室を渡り歩くようになってしまいます。運よく自分の子どもに合った教室と出合えればよいのですが、そうでない場合、「ほかの子はきちんとできるのに、うちの子は本当にダメ！」と決めつけてしまいかねません。

みんながいいと絶賛している教室なのに、あなたの息子だけはうまくいかないのだとしたら——これは何が問題なのでしょう？

答えは簡単。「あなたの子どもに、その教室が合っていないだけ」なのです。

人の個性は千差万別で、ある人にとって心地よいことが、別の人には大きな苦痛になったりもします。それは、子どもでも同じこと。よその子にとってよかった教室が、自分の子どもにとってよくなかったとしても、それは当たり前のようにあることです。

どんなに魅力的な成功談を聞いても、そこで「でも、それはうちの子に合ってないわ」と判断できる力は、母親に不可欠です。この力を養うのは、情報量の多さではありません。子どもをよく観察し「うちの子はどんな子か」をしっかり摑《つか》むことです。これこそが、子どもを教育するうえでの基礎となります。

お母さん情報だけでなく、さまざまな情報が飛び交う時代だからこそ、子どもを観察することを怠らないでいただきたいと願っています。

Point 8 「調べてごらん」が、子どもの好奇心を刺激する

子どもは好奇心の塊です。とくに、男の子はその傾向が強く、彼らは「なぜ?」という質問を頻繁に発することでしょう。

子どもが小さい頃、散歩中に「なんで道路にフタがついているの?」、空を見上げては「なんで昼の月は白いの?」などと、さまざまな質問を投げかけられて、すぐに答えられず言葉に詰まった経験は、どんな親でも持っているものです。

これが大きくなると、さらに「なぜ?」の範囲は広くなっていきます。時代劇を見て「なんで変な頭をしているの?」とか、ニュース番組を見て「なぜこの人は泣

いているの？」とか、子どもの「なぜ」はとどまるところを知りません。

なかには「なんでこの人はお尻を振っているの？」という、低俗なテレビ番組を見ての返答に困る問いもありますが、子どもの「なぜ」は純粋な知的好奇心の表れ。万有引力を発見したニュートンが幼少時代、「なぜ1＋1は2なの？」という問いを発した話は有名ですが、子どもの「なぜ？」は大いに尊重するべきです。

この子どもの「なぜ？」に対し、親が「そんなことどうでもいいから、早く宿題しなさい！」と回答拒否するのはもってのほかですが、もうひとつ困った対応があります。

それは、「それはね……」と、なんでもすぐに教えてしまうこと。これは、ご両親、とくにお父さんが高学歴の方に非常に多い対応ではないでしょうか。

『パパは何でも知っている』という古いアメリカのドラマがありましたが、まさにこれを地でいくお父さん像は、理想のようにも思えます。どこからか「子どもの疑問に親が答えることに、なんの問題があるんだ！」という反論までも聞こえてきそうです。

しかし、「〝なぜ？〟が生まれる」→「親に聞く」→「わかった！」→「パパすごい！」の繰り返しでは、子どもの親に対する尊敬の念は育つかもしれませんが、残念ながら「好奇心」は育ちません。

なぜなら、あまりにも簡単に疑問が解けてしまうからです。そして、あまりにも簡単に解けてしまった疑問は、知識として定着しにくいのです。

たとえば「アメリカってどこにあるの？」と、子どもに質問をされたとします。「海の向こうよ」と答えるのは、実に簡単です。子どもも「ふーん」と、とりあえず納得するでしょう。しかし、これで「アメリカはどこにあるのか？」という知識が、しっかりと根づいたでしょうか。

こんなとき、「地球儀があるから、見てごらん」と言ってみてください。すると、子どもは地球儀を持ちだして、「どこがアメリカなの？」とさらに聞いてきます。そこで、地球儀をくるっと回して、「ほら、ここがアメリカよ。ついでに、ここが東京と大阪」と指さすと、子どもの中に「こんなに離れているんだ！」「日本とアメリカの間には、こんなに大きな海があるんだ！」「アメリカって日本と比べてこんなに広いんだ！」「東京と大阪は〝のぞみ〟で二時間半もかかるのに、地球儀だとこんなに近いんだ！」と、さまざまな知識が一気にインプットされます。

親だって万能ではありません。子どもは「パパはなんでも知っている」と思っているかもしれませんが、実際は専門外のことはあまり知らない、という方も多いでしょう。

しかし、子どもは容赦なく、親の知らないことでも聞いてきます。そのとき、いいかげんな答えをしたり、ホラを吹いたりしてしまう方も中にはいるかもしれませんが、多くの人は「知らない」と正直に答えるのではないでしょうか。

しかし、「わからないことは親に聞けば教えてもらえる」と思っている子どもにこのような返事をすると、「そっか、パパでもわからないんだ」で終わり。それ以上進みません。

こんなときは「それ、よく知らないんだ。ちょっと一緒に調べてみようか」と、子どもを誘ってみましょう。

もし時間がないときは、「よく知らないから、調べてみてよ」と促してみてください。「調べて」と投げっぱなしでは、子どもがその気にならないので、図鑑や本、インターネットなどの調べるための手段を教えてやったうえで、「たぶん、こんなことだろうと思うけど、本当はどうなんだろう?」と予想をして、好奇心をかき立てるのもいい方法です。

子どもが自分の力で疑問を解くのは、大変な苦労がつきまといます。ですから、途中で手助けをすることも必要でしょうが、苦労の末に「正解」にたどり着いたとき、子どもの中には「そうか、わかった！」という大きな喜びがわき上がってくるはずです。

勉強の楽しさとは「わからなかったことがわかること」が基本。日常生活の中で、その喜びの一端を味わった子どもは、勉強の中にも「わかった！」という喜びを味わいやすくなります。そう、すなわち、勉強ができるようになるのです。

アタマのいい子どもに育てるために必要なのは、「なんでも知っているアタマのいい親」ではありません。知的好奇心をかき立て、物事を探求する楽しさが自然と学べる環境をつくってあげる――これが最も大切なのです。

「なんでも知っていて、子どもに尊敬される親」は、親にとっても魅惑の理想像でしょう。でも、それは子どもの教育という見地に立てば、単なる親の自己満足。子どもの知識を深め、好奇心を刺激するのは、決して「なんでも知っている親」ではないことを、ぜひ知ってください。

Point 9

親の学歴をベースに子どもの志望校を選ぶと、悲劇を招きやすい

今さら言うまでもありませんが、大学には東大を頂点としたランクが存在します。受験で成功を収めるとは、できる限り上位ランクの学校に合格することであり、ランクが高い大学に入れれば人生の勝利者となれる、というのが社会常識でした。長く日本を蝕《むしば》んだ「学歴偏重主義」の根は、ここにあります。

しかし、すでに学歴偏重主義は崩壊し始めているのが現実。それは、平成に入ってからの総理大臣に東大卒がふたりしかいないことを見ても明らかです。

ところが、受験生の子を持つ親は、いまだに「上位ランク校に合格すること＝人生の勝利者」という図式から抜けだせていません。親自身が高学歴、しかも上位ランク校出身者であればあるほど、その傾向が強くあります。

また、それとは反対に高卒で叩《たた》き上げてきた親御さんも、自分自身が学歴偏重社会で無用な苦労を強いられてきた経験から、「学歴がよくなければ社会で認められない」という思いが強く、「高学歴＝幸福な人生」と信じきっているようです。

このことを思うと、日本を支配し続ける「高学歴信仰」を憂慮せざるを得ません。

そう、それはすでに「学歴教」という宗教だと言ってもいいでしょう。

はっきり言いますが、学歴教信者の親を持つ子どもは、悲劇です。

高学歴・上位校出身者の親を持つ子どもは、親から「オレの子なんだから、オレと同じ大学に入れ。オレにできてオマエにできないはずがない！」と、小さな頃から塾通いを強制されます。塾で成績が落ちれば叱責されたあげく、「まだ勉強が足りない」と家庭教師をつけられ、遊ぶ時間どころか、睡眠時間まで削って過酷な受験勉強に駆り立てられます。

高学歴が叶《かな》わなかった親を持つ子どもも、「オレのようになるな」「お父さんみたいになっちゃダメ」と言われ、同じように勉強漬けの生活を強いられます。お父さんが幼稚舎から慶應《けいおう》だったから、子どもも慶應に入れようとする。お父さんが高卒だったから、子どもは少しでも上位ランクの学校に入れようとする。両者は「親の学歴に縛られて子どもの志望校を決める」という愚かさでは、まったく同じと言わざるを得ません。なぜなら、本来主役であるはずの子どもが、主語になっていないからです。

両者の話から、「学校に通うのは、親ではなく子ども」というごく当たり前の観点が、すっぽり抜け落ちているのにお気づきでしょうか。

改めて言うまでもなく、受験をするのも、学校に通うのも、親ではなく子どもです。それなのに、志望校を決めるときに子どもの意向を聞いたり、個性を見極めたりすることなく、たとえば「親が通った学校だから」とか、「親が行きたいと思っていた学校だから」とか、果ては「親が持てなかった高学歴を手に入れられるから」といった理由で志望校を決めてはいませんか？　これは現実に、多くの親御さんが犯している過ちです。

遊ぶ時間も寝る時間も削って、親が喜ぶ学校に入れたとしましょう。もし、通い始めて「なんか、この学校は僕に合わない」と子どもが感じたとき、いったいどうしますか？

「そんな甘いこと言ってないで、とにかく通え。そうすれば高学歴が手に入るんだから」と、さらに無理強いするのでしょうか。

不登校やひきこもりになる原因のひとつに、「子どもの個性と校風が合わない」が確実にあります。子どもが不登校になり、家庭内暴力を繰り返すようになってから「もっとこの子に合った学校にすればよかった」と後悔しても遅いのです。

何度でも繰り返しますが、学校に通うのは子どもです。より楽しく、生き生きと学校生活を送るためには、何よりも「子どもに合っている」「やりたいことを伸ばせる」かどうかを主眼に、志望校を選ばなければなりません。

とくに親御さんが高学歴で、上位校出身者の場合、子どもに上位校を目指させる例が数多く存在します。父親が東大出身の場合は、さらにこの傾向が強いようです。「東大でなければ大学でない」とばかりに、まさに有無を言わせず東大に焦点を絞り、小さい頃から子どもを進学塾に通わせ、さらに家庭教師もつけ……と、受験勉強オンリーの生活を押しつけがちです。その結果、好奇心と感性をはぐくむべき少年期を失い、社会に適応できないひきこもりやニートを生みだしてしまいます。

確かに、親の世代が勝利を目指して闘ってきたのは、学歴社会でした。その結果生みだしたものはなんだったのか……。親たちは学歴社会がもたらしたものをもう一度、見直さなければならない時期に来ているのではないでしょうか。

社会が欲しているのは、高学歴の人間ではなく、多くの人の信頼を得て、社会に貢献できる人間のはず。そして、豊かな人生とは、高い偏差値を持っていることではなく、たくさんの楽しみを持っていることのはず。

「高学歴の人間＝偉い人＝幸福」という図式は、とっくに崩れ去っています。それなのに、未来ある子どもたちにただ「高学歴を目指せ」と言う親でよいのでしょうか。

そのことを、子どもを持つ親はもう一度、じっくりと考え直すべきです。

Point 10 外出時、常にイヤホンをつける子は、勉強ができない

電車に乗ったとき、ぐるっと車内を見回してください。とくに、若い男性の耳に注目を！　みんな、イヤホンをしていることに気づきませんか。

昔、日本を訪れた欧米人が電車に乗ると、必ずと言っていいほど「日本では子どもから大人までが、電車の中で漫画を読んでいる！」と驚くという話がありました。しかし最近では、車内で漫画を読む人よりも携帯用音楽プレーヤーや音楽用ストリーミングサービスを楽しみ、スマホやタブレットをいじっている人のほうが圧倒的多数になってきました。あの姿になんとも言えない情けなさを感じるのは、私だけでしょうか。

「外出するときは必ずイヤホンをつける」傾向は、女の子よりも男の子に多く見られ

ます。彼らはまるで、鍵や財布といった外出時の必需品のように携帯用音楽プレーヤー、スマホやタブレットを持ち、ごく当たり前のようにイヤホンをつけます。電車の中でも街中でも、音楽とともに出歩くのは、彼らにとってごく自然な行為なのでしょう。

これは私自身が家庭教師としてたくさんの子どもたちと会ってきた経験上申し上げるのですが、外出するときに必ずイヤホンを装着する子は、どんなに教えてもなぜか、なかなか勉強ができるようにならないことが多いのです。

音楽を聴きながら勉強をする子どもは、かなり多いはずです。常にそうしている子どもに聞けば、おそらく「まわりの音をさえぎって、勉強に集中するため」という答えが多く返ってくるのではないでしょうか。確かに筋が通っているように聞こえますし、お母さんとしても「そういうことならいいわ」と思ってしまいがちですが、はたしてこれは本当なのでしょうか。

たとえば、あなたが不動産ローンの契約を交わすことになったとしましょう。「よく読んでから署名捺印《なついん》してください」と細かい字がびっしり書き込まれた契約書を渡され、聞き慣れない言葉が満載の契約書を読んでいる、まさにそのとき、耳元で音楽が鳴っていたら、どうですか？　どんなに好きな音楽でも、『うるさい！』と思うのではないでしょうか。そう、全神経をひとつのことに集中させているときの音楽は、障害にしかならないはずです。

たとえまわりがうるさくても、本当に集中できていたら、いつの間にかまわりの音が耳に入らなくなった……という経験は、あなた自身にもあるでしょう。勉強に必要なのは、この力です。

以前、成績優秀でよく勉強ができるのに、模擬試験ではさっぱり点数が取れない子がいました。なぜかと思ってよく話を聞いてみると、「まわりから聞こえてくる鉛筆のコツコツコツコツという音が気になって、まったく集中できなかった」と言うのです。それを聞いて、私は別の子の話を思いだしてしまいました。

「試験では金属製の、重いシャーペンを使うんですよ。そして、コツコツ音を立てるんです。まわりのヤツらにプレッシャーを与えられますね」と話していた彼の得意げな口ぶりが、目の前で意気消沈している子にかぶって、なんとも言えない気分になったものです。

話がやや横にそれてしまいましたが、試験で勝つためには、「一度入り込んだら、まわりの音が一切聞こえなくなる」くらいの集中力が不可欠です。なのに、「まわりの音が気になるから、音楽を聴く」などというごまかしを日常化させているような子には、このような集中力がつくはずもありません。もし、あなたの子どもがこんな悪習慣を続けているなら、即やめさせるべきです。そして、勉強に集中しやすい静かな環境をつくってあげてください。

「隣の部屋から、家族がテレビを見ながら楽しそうに談笑している声が聞こえる」という環境で、勉強に集中できるはずがないでしょう。とはいえ、「図書館のような静寂をつくれ」とは申し上げません。食器を洗う音や、家族が廊下を歩く音が聞こえてくるくらいはいいのです。「無音でなければ集中できない」となると、先ほどお話しした子のようになってしまいかねないからです。

「勉強中に音楽がいけないのはわかった。でも、外出するときに音楽を聴くことの、いったいどこがいけないの？」という声が聞こえてきそうですね。

では、次に「外出時の音楽」について考えてみましょう。

家の外に出ると、さまざまな刺激が目や耳に飛び込んできます。街に出ればそれぞれの店からやかましいBGMが流れてくるし、電車に乗れば見たくもない酔っ払いがいたりします。これら聞きたくないもの・見たくないものを簡単にシャットアウトできるのが、携帯用音楽プレーヤーや音楽ストリーミングサービスです。

つまり、本来はじっと耐えるしかないことでも、携帯用音楽プレーヤーやスマホ、タブレットさえあれば、いとも簡単に解放されてしまう。安直にラクになる志向性を持つ子どもに、社会的忍耐力が育つとは、到底思えません。しかも、外界の刺激をシャットアウトしてしまうことで、「思わぬきれいなものを見つける」という観察力も失われてしまうのです。「イヤホンをすぐにつける子は、勉強ができるようになりにくい」と申し上げた理由、ご理解いただけたでしょうか。

ひとつ付け加えさせていただくなら、物事にはなんでも例外があるということ。音楽を聴きながら勉強しても、驚くほどの集中力を発揮し、いい成績を収める子もいます。もしあなたのお子さんがこんな子どもだったら、「音楽を聴きながら勉強してはいけません！」と、音楽を取り上げることは、かえって逆効果です。

Point 11

進学塾よりも家庭教師

進学塾を否定し、学校もアテにならない——。

こう申し上げると、「じゃあ、どうやって受験勉強すればいいの⁉」という声が聞こえてきそうですね。私は、詰め込み教育には絶対反対します。でも、受験指導を長年稼業にしてきた私が、受験勉強自体を否定したり、「ありのままの学力で受ければいい」などという世迷言《よまいごと》を口にするわけにはいきません。

受験をするなら合格を目指すべきだし、受験のためには、志望校合格にターゲットを絞り込んだ勉強が絶対に必要です。先に申し上げた通り、あなたのお子さんが猛烈な詰め込み教育についていけて、それでも自分を崩さないタフな精神の持ち主だとしたら、大手進学塾に通わせるのもいいでしょう。でも、そうでないお子さんだとしたら……私は、その子に合った家庭教師をおすすめします。

家庭教師は、単に勉強を見てもらうだけの存在ではありません。ぜひ叶えたいのは「悩みを聞いてくれるお兄ちゃん・お姉ちゃん」としての機能です。

少子化の時代、「ふと悩みを打ち明ける相手」は見つかりにくくなっています。

とくに、男の子はかなりの見栄っ張り。とりわけ友達の前では「細かいことなんかにウジウジ悩むオレじゃないぜ！」という自分でいたいため、心の中を打ち明けることができません。

そうはいっても、受験勉強を始める頃は、学校での友達関係、受験に対する不安、「勉強しなさい！」と責める親……と、さまざまな悩みがふくれ上がるときでもあります。

このガス抜きの役割を果たしてくれるのが、家庭教師。雑談の中で悩みを打ち明け、ちょっとしたアドバイスをもらえるだけで、子どもにとってよいストレス解消になってくれるものです。

家庭教師となると、真っ先に「家庭教師派遣会社」が浮かぶことでしょう。テレビで「厳しい採用基準で選んでいます」などというコマーシャルを見ると、つい「こういうところなら、確かな人を紹介してもらえる！」と思ってしまう方もいるはず。ですが、私は家庭教師派遣会社を利用するのは、絶対におすすめしません。

なぜなら、このテの会社では、あなたが払ったお金の半分以下しか、家庭教師の学生の手に入らないからです。残りはどこに行くか……。実は、派遣会社が中間搾取してしまうのです。

たとえば、一時間七〇〇〇円という契約を結んだとしましょう。この場合、家庭教師の学生が手に入れるのは時給二〇〇〇円以下。あなたは一時間七〇〇〇円も投資しているのに、学生にとっては時給二〇〇〇円のバイトにしかならないのです。そのため、同じ日に家庭教師をかけもちする要領のいい学生が出てきても、なんら不思議ではありません。

こんな家庭教師だった場合、たとえば子どもが「あと少しでこの問題の解き方が理解できる」というときでも、時間が来たら「残念だけど時間だから」とさっさと切り上げてしまうに決まっています。さもないと、もうひとつの家庭教師先に支障が出てしまいますからね。

そうではなく、優秀な学生を中間搾取なしで雇うことができたら、どうでしょう。彼、もしくは彼女は、やる気マンマンであなたの子どものために親身になり、多少の時間オーバーや悩み相談も積極的に引き受けてくれるに違いありません。

Point 12

わが子に合った家庭教師の見つけ方

ポイント11で、家庭教師のメリットをお話ししました。でも、あなたの子どもに合った家庭教師を見つけるのは、至難のワザ……と考えるかもしれません。ところが、これはとても簡単なことなのです。

派遣会社を使わず、優秀な家庭教師を見つけるにはどうしたらいいか——。

お金に余裕があるなら、実績のあるプロの家庭教師を雇うのもいいでしょう。しかし、これはかなりの出費を覚悟しなければなりません。そうではなく、優秀な学生を低予算で、というのがホンネですよね。派遣会社に払うよりずっと安く、学生にとってはほかのバイトよりずっと旨《うま》みがあり、やる気も出てくる金額、その目安は「時給三〇〇〇円」です。

そんな学生を見つける方法ですが、これは以前は大学に相談し、学生課に「家庭教師募集」の告知をしてもらうのがベストでしたが、今はネット上にいくつもある「家庭教師募集掲示板サイト」などで捜すことも可能です。

そして、電話の応対やメールでの印象がよい学生が見つかったら、今度は面談です。家庭教師と面談となると、家に来てもらうことを考えてしまうかもしれませんが、それでは不充分。それよりも、カフェを利用してみましょう。近所のファミリーレストランではなく、ホテルのカフェがおすすめです。なぜなら、「家庭教師の面接で、ホテルのカフェを指定された」という設定で、学生の緊張感を引きだすことができるからです。

やる気のある学生なら、今まで家庭教師をやってきた実績を示す資料を持ってくるかもしれませんが、それは幸運なケースです。ここでは学生がかしこまった場でどんな服を着てくるか、しっかりチェックします。何も、スーツや高い服を着てこなければならないというわけではありません。その学生なりにきちんとしようと考えているか、清潔感があるかを見てください。

そして、実際に会って話すときは、ちゃんと目を見て話せるかなどをチェックするとともに、「受ける感じ」を重要視してください。「ハキハキしているし、成績も優秀なんだけど、なんだか感じが悪い……」と思うことはよくあります。この場合は、自分の感覚に従ったほうがいい結果を生むものです。

そして、面談が終わったら、五〇〇〇円ほどの「交通費」を渡しましょう。おそらく、学生にとっては「バイトの面接で五〇〇〇円もらえる」経験など、ほとんどしたことがないはずです。ここで、あえて交通費を渡せば、親の本気ぶりを再び見せつけることができますし、何より学生に「これはいいバイトだ。ぜひモノにして、いい結果を出す！」という気合いが入るのです。なかなかここまで気がつく親御さんは少ないでしょうが、ぜひ実行していただきたいと思います。

ここまで来ると、親御さんの中には「彼（または彼女）で！」と心が決まるものでしょう。そこで、あえてもう一段階、ステップを設けてください。それは、子どもを交えての面談です。

できればお父さんも一緒に、レストランで食事をするといいでしょう。何も高級レストランである必要はありませんが、ファミリーレストランよりも少しいいランクのところがおすすめです。このときは食事をごちそうするのですから、交通費の五〇〇〇円を渡す必要はありません。

もちろん、まずは服装をチェック。そして、子どもとの相性を重点的にチェックしていきます。子どもとの接し方、話を上手に引きだせるかどうか、子どもの学生に対する態度などをしっかり観察しましょう。

それと同時に、学生の「食べ方」もぜひチェックを。食べ方というものは、思わぬ人間性がかいま見えるものです。食べ方がキレイ、食べっぷりがいい、食べながら会話を楽しむことができる……こんな学生なら、まず合格点をつけていいと思います。

そして、家に帰ったら、子どもの意見をじっくり聞いてみてください。親が合格点をつけても、子どもが「なんかあの人、好きになれない」と思っていたとしたら、家庭教師と子どもがいい関係を結べる可能性は低くなります。

「友達を探しているわけじゃないんだから」とおっしゃるかもしれませんが、これは重要なポイント。

子どもがあれこれ難癖をつけようとしているなら、それはまた別の問題をはらんでいることになりますが、そうでないのなら、この場合はまた新たに探すしかありません。

二段階の面談があったということで、学生の心にはかなりの覚悟ができ上がっているはずです。

学生が「なんとしても期待に応えたい！」という気持ちを持てるか否かで、そのあとの指導に大きな違いが生まれるはずです。

家庭教師に対して親御さんが求めているのは、まるで肉親のように子どものことを考えてくれたうえで、勉強を教えてくれること。そのためには、雇用関係を超えた間柄をつくることが欠かせません。一見難しいことのように思えるかもしれませんが、前述のようにたくさんの段階を踏んで選んだ家庭教師なら、最初から濃密な関係ができ上がっていると言えます。

さらに、家庭教師の訪問が始まったら、勉強のあとに「ご飯を食べていきませんか？」「お茶を飲んでいきませんか？」というひとときをつくることができます。これは、地方から出てきた学生にとって、なにより嬉《うれ》しいひとときだということをぜひ覚えておいてください。一緒に食事をし、趣味の話や家庭環境の話などからさらに親密な関係をつくることができれば、それは確実に「よい指導」となるに違いありません。

Point 13

親の会話力が、子どもの国語力を引きだす

これまでも繰り返し述べてきましたが、文系・理系にかかわらず、学校での授業・テストはもちろん、進学塾で使用するテキスト、そして最終的な受験に至るまで、一部の学校を除いてすべての問題は「日本語」で書かれています。そして、解答欄に記入するのも日本語、大学入試での小論文も、もちろん日本語で書かなければなりません。これはどんなにたくさんの漢字を覚えていても、またどんなにたくさんの公式を覚えていても、そこに書かれている内容が正確に理解できていないと、正解を導き出せないことを意味しています。

国語力がなければ、すべての教科の勉強ができるようになるわけがないのです。現に今、大学が求めている人材は、文章で自分の意見が表現できる学生です。これは、入試で記述問題を増やそうとする大学が増えていることからもはっきりしています。

国語力があるというのは、どんなに長い文章でもきちんと読み解くことができ、そして自分の意見を文章にして人に伝えられるということです。そう、まさしく昔から言われている「読み書き」の力です。

ところが今、読み書きができることは、ごく当たり前のこととして見落とされている気がしてなりません。読み書きとは、画数が多くて難しい漢字が読め、書けることだと思っていませんか？

そうではなくて、人の書いた文章が読め、自分で考えたことを文章に書けるという力が「読み書き」という能力です。そして、多くの人と触れ合い、豊かな関係性を築くためのコミュニケーションの源になってくれるのが、この「読み書き」の力です。

いくら漢字をたくさん知っていても、熟語を知っていても、真の国語力がない者は、会話の能力に劣る傾向があります。なまじ知識は豊富だから「自分は偉い」と思ってしまいがちですが、肝心の「人の話をよく聞き、理解し、自分の意見を返す」という力がない高学歴者は、世の中に掃いて捨てるほどいるのが現実です。

では、この国語力は、どうやって身につけることができるのか——。

私は先に、作文を書くことがもたらす絶大な効果についてお話ししました。どんなことでもいいから、自分の感情が動いたとき、それを文章にする力は、確実に国語力を伸ばします。そして、もうひとつ絶対に欠かせないのが「親の力」です。

私は国語力は、学校では身につかないと思っています。学校で使う教科書やテキストは、およそ子どもの好奇心をかき立てることのない退屈なものだし、教師は教師で「漢字を繰り返し書いて暗記する」ことばかりを強要します。これでは、子どもの感受性や発想を尊重する作文など、指導できるはずがありません。仮に子どもが書いたとしても、認めるかどうかさえ疑問です。

ですから、私は「子どもの国語力を伸ばすのは、家庭にしかできないことだ」と考えます。何も家庭で文学論を闘わせろ、というわけではありません。毎日毎日作文を書かせろ、と言うつもりもありません。話はもっと簡単です。

まず申し上げておきたいのは、「食事のときにテレビをつけっぱなしにしている家庭では、子どもの国語力はつくはずがない」ということ。見たい番組があったとしても、食事のときはテレビを消しましょう。話はそこからです。そして、食事をしながら、家族でその日あったことを話すのです。

とくに男の子は口数の少ない子が多く、さらに頭の固い父親や昔ながらの男尊女卑が染みついている祖父がいる場合は「男たるもの余計なことは口にするな」と、無口な男を必要以上に美化する傾向があります。しかし、これでは国語力がつくはずがありません。

「きょうは何して遊んだの？」「誰と遊んだの？」……どんなことでもいいから、話題を振ってください。表現力が未熟な子ほど、「公園で遊んだ」「○○君」などとひと言で返してしまう傾向がありますが、ここで終わらせてはいけません。「どんなことして遊んだの？」「あの公園って犬の散歩してる人が多いよね」など、話がふくらむようなきっかけを与えましょう。ただし、黙っているからといって詰問調にならないように注意してください。

すると、「○○君と公園で鬼ごっこしてたら、散歩中の犬に吠《ほ》えられて、びっくりした拍子にドブに落っこちそうになったけど、なんとか袖をキャッチしてもらえて助かった。でもね、その犬の飼い主がひと言も謝らなかったので腹が立った」などと会話をふくらますことができるはずです。

このとき、「ええっ、それでどうしたの？」「あのドブ、お母さんも落ちそうになったことがあるのよね」などと促すと、さらに会話がふくらみ、どんどん楽しくなってきます。

自分の話に家族が興味津々で耳を傾けてくれると、子どもは「もっと話したい」

「もっとおもしろがらせるためには、どんな話し方がいいか」という気持ちをかき立てられます。これが、子どもの表現力を伸ばすことに大いに役立ちます。

親が子どもに対して「勉強しなさい」「早く寝なさい」「片づけなさい」という命令形ばかりで言い、くつろぎの時間の主役はテレビ、という家庭では、どんなに勉強したところで国語力などつくはずがありません。親は、このことをもっと自覚するべきです。

Point 14

中学受験で「成功」する方法

周囲から「中学受験」の話が聞こえてくるようになるのは、子どもが小学四年生になったあたりからではないでしょうか。地元の公立中学に入学することに対してなんの迷いも、不安もないという親御さんは、今や少数派かもしれません。もちろん、熱意のある先生が揃っていて、勉強面も生活面も安心して子どもを任すことができる公立中学もあります。しかし、現実は厳しく、子どもを伸ばすためのもうひと手間、もうひと工夫をする余裕のない疲弊しきった教師が多いのが、今の公立中学の実態……こうしたケースが多いのではないでしょうか。

地元の公立中学の評判があまりよくない、ここに子どもを任せるのが心配、だから私立中学への入学を目指して受験させよう――親御さんがこう考えるのは、当然だと言えるでしょう。

長年子どもの教育に携わるプロとして、私は中学受験を否定する立場ではありません。しかし、「よりよい中学へ入学するには、できるだけ早く受験対策を始める。そのためには、進学塾に入れてみっちり勉強をさせる」という考えには、断固として異を唱えたいと思います。

まず、多くの親御さんが忘れがちなのですが、子どもの発達や成長のスピードには個人差があります。わが子がまだ赤ん坊だった頃のことを思い出してください。なかなか立たなくて、あるいはなかなかしゃべりはじめなくて、心配だったことはなかったでしょうか。靴がひとりで履けない、自分で歯磨きができないなど、ささいなことで「ほかの子はもうできるのに、うちの子はまだ」と不安にかられるのは、多くの親が経験することです。

しかし、今となっては立てるどころか走り回れるし、ちょっと黙ってほしいと思うほどおしゃべりするし、もちろん靴は履けるし、歯磨きもできる……。そうした姿を見て、「親が焦ろうが不安になろうが、子どもは自分に合った速度できちんと成長する」と噛《か》み締めたのではないでしょうか。

勉強も同じです。四年生どころか三年生くらいから親に言われなくても宿題をし、予習復習をする子もいるかもしれないし、そのくらいの年齢から進学塾に入って猛烈な指導についていける子もいるかもしれません。膨大な量の暗記も、苦労しつつ乗り越えられる子もいるかもしれません。そうした子は、誰もが羨《うらや》むような学校に涼しい顔で合格するものです。

しかし、その子とわが子は別の人間です。その子が実践している家庭での勉強法を真似して三日坊主で終わるなら、まだ害は少ないのですが、「塾」となると話は別です。得てしてそうした子はまだ小学校中学年の頃から厳しい指導の塾も乗り越えられるものです。

ところが、まだ猛烈な勉強に耐えられる段階に入っていない、ある意味で幼い子が早いうちに塾で受験勉強をするようになると、これがまったくアタマに入らないのです。

塾での勉強が問題をよく読み、理解し、考察することを目指しているものならいいのですが、実際は「受験に合格するため」と称して、膨大な量を暗記することを強いられます。教わったことを深く理解し「なるほど!」と思いながら覚えるならなんら問題はありません。新しい知識がまさに身につくことでしょう。

しかし、実際はただいたずらに、「試験で高い点数を取るため」と称して細かいことを無理やり暗記させようとしているのが現実です。これが子どものアタマに非常によくないのです。よく、「丸暗記するだけでいいんだから!」と子どもに発破をかける親御さんがいますが、これは大きな間違い。アタマがパンクしそうになるくらい暗記して、「脳に刻みつけた」と思っても、それは一時的なこと。時間がたてば忘れてしまうのです。

そもそも暗記力はその子が持つ吸収能力に比例します。つまり、吸収能力が高ければ、より多くのことを暗記することができますが、吸収能力が低いのに暗記学習を強いられ、無理やりアタマに詰め込まれると、子どもが壊れてしまうのです。

壊れてしまうとは物騒な物言いですが、私はそうした学習法で抜け殻のようになった子どもを何人も見てきました。そうした子は無気力で、無感動で、子どもらしさがありません。しかも、学力にも問題が出ます。このことは、社会科の暗記をたくさんすると、国語の選択肢問題で考える力が弱まる、あるいは数学的な思考が減退するといった形で表れることがよくあります。また、判断力、思考力、感受性の減退も表れるのです。

本来、小・中学生の男の子というものは、好奇心に満ちあふれ、チョロチョロと動き回り、次々とオモロイことを見つけるものです。ところが、脳に無理やり詰め込む暗記学習をやりすぎると、こうした力が失われてしまいます。「それでもテストとなればいい点数を取るなら問題ない」と考えないでください。確かに、暗記したことをそのまま吐き出すようなマークシート形式のテストには強いかもしれません。しかし、暗記のやりすぎで壊れてしまった子どもは、記述形式の試験は壊滅的に苦手です。ましてや小論文など太刀打ちできません。これは大きな問題です。なぜなら、こうした形式の問題は、現在大学入試で主流になっているからです。

そもそも大学とは「学者の話を聴きに行き、学ぶところ」。学者はやや高度な論説文体で話をしますから、大学で学ぶには論説文が理解できることが最低条件となります。同時に学者は学生に対して高度な論説文体で書かれた本を読むことを求め、さらに自分の考えを論理的に書いて伝えることを求めてきます。つまり、一八歳の時点で論説文体が読め、聴け、書けなければ大学に入っても意味がないということになります。

「丸暗記学習をするのは中学受験のときだけ。中高で読解力や考察力、記述力を磨けば問題ない」と考える人もいるかもしれません。しかし、残念ながら人には成長する時期というものがあります。好奇心や感受性など、勉強では身につかないものが伸びるのは、小学生の時期。それを逃すと、ほぼ取り返しがつかないのです。

たとえば、小学校の中学年から猛烈な受験態勢に入り、必死の思いで難関の中高一貫校に入ったとします。こうした学校では有名大学の進学率の高さが人気のバロメーターになるため、生徒たちがそうした大学に合格できるよう、猛烈に勉強を仕込みがちな傾向があります。

すると、受験勉強に駆り立てられていた小学生の頃、「合格して中学生になったら思いきり遊べばいい」と言っていたのが「高校生になったら」になり、高校生になったら「大学生になったら」といった具合に、伸び伸びと遊ぶことがどんどん先送りになっていきます。こうなると、暗記で身につけた知識は脳に詰め込まれているものの、体で覚えた知識や感性が丸ごと抜けた、なんとも魅力のない人物になってしまいます。

これでは誰もが羨むような大学に合格することが難しくなります。なぜなら、そうした大学では生き生きとして自ら新しいものを生みだすような学生を求める傾向が強いからです。

そうした学生を受験で見抜くのは無理だと思うかもしれませんが、そのために記述問題や小論文があるのだということにお気づきでしょうか。模範解答のような誰かに借りたものではない思考が見えるような学生を、一流大学ほど求めているのです。

さらに、今や大半の大学が入学者の多数をＡＯ入試（学校側が求める学生像に基づいて、合否を決める入試方法）で取る方向に変わりつつあります。ＡＩ（人工知能）で代用できる暗記力より、探究心や思考力、表現力が求められているのです。

しかし、とりわけ感性が豊かに育つ小学生の時期を勉強に費やしてしまい、その後の中高でも必死に勉強ばかりしていたような子どもは、その望みに応えることができません。

かくして、二流とまでは言わないけれど、「そこそこ」という無難な言葉で表現されるような大学におさまることになります。ここまできたらもう勉強する必要はありません。自由に好きなことをすればいい、ということになります。しかし、小中高と勉強に明け暮れてきた男の子は、もう遊びを発想することもできません。楽しむとしたらゲームくらいという学生を、どの企業が欲しがるでしょう。

私は常々、男の子は一四歳になるまで遊ばせておくべきだと主張しています。男の子は自然の中で、体を使って遊んで子ども時代を過ごすべきなのです。親御さんが中学受験をさせたいと思っていても、それは変わりません。「四年生からでは遅すぎる」としたり顔でのたまう人もいるようですが、そんな言葉に耳を貸さないでください。塾に入るのは六年生の夏休みからでいいのです。

そしてそのときに、その子のレベルに合った塾を見つけ、ぎゅうぎゅうと押し込むような暗記学習をしなくても入れるような、そしてポイント2でも触れたように、できれば通学時間が三〇分程度の中学を選んで受験することをおすすめします。

その子のレベルを無視して、「できるだけ偏差値の高い学校へ」「少しでもレベルの高い学校に入らなければ伸びない」という考えは持たないでください。小学校のときに学力が期待するほど伸びなかった子は、アタマが悪いわけではなく、単なる遅咲きの可能性があります。

小学校時代にたっぷり遊び、さまざまな体験を積み、考え、よく思いつき、ひらめき、冴《さ》え渡る経験を重ねた子どもは、自分なりの勉強の時期が訪れると猛然と伸びていきます。目の前が開けたようにスイスイと問題が解け、理解でき、どんどんと賢くなっていくのです。

中学受験で失敗すると、この世の終わりのように嘆く人がいます。しかし、地方の名もない高校から東大に入る人がいるように、地味なスタートでも華々しいゴールを決めることは夢でもなんでもありません。

中学受験を成功させるだけでなく、その後の高校、大学受験で目覚ましい結果を出したいと願うなら、ぜひやっていただきたいのは、自然体験です。

自然の中では、おもしろいことも怖いことも、ありとあらゆる予測できないようなことが起こります。そうした経験を積むことで、子どもはさまざまなことを感じ、考えるようになります。「次は何が起きる？」「これをしたらどうなる？」など、好奇心が刺激され、臨機応変に対応する力がいつの間にかついていきます。

それだけではありません。自然の中でのさまざまな体験は、いわば「ネタの宝庫」。作文にしろ、小論文にしろ、書くことの引き出しがどんどん増えていきます。『責任を持った行動について』という漠然としたテーマの作文を出されても、キャンプの役割分担の話を思い出すでしょうし、『環境問題』というテーマでは川辺に落ちていたビニール袋がすぐ浮かんでくるでしょう。

男の子はとくに作文が苦手という子が多く、受験対策でも苦労しがちですが、それは「ネタ」が少ないことにも原因があります。できるだけ多くの体験をさせることで、「書くこと」を増やせば、作文に対する苦手意識も消えていきます。中学受験を目指しているなら、ぜひ実践していただきたいと思います。

Chapter 02

第二章

躾ける

Point 15

男の子は「理屈」で納得させよう

物事にはすべて原因があり、結果があります。たとえば、子どもの成績が落ちたとき、そこには必ず、勉強をしていない、授業をちゃんと聞いていない、心配事があって勉強が手につかない状態にいる、あるいは現在の子どもに教育が合っていないなどの原因があるはずです。

料理の基本に「サシスセソ」という調味料を入れる順番がありますが、これだって「塩は砂糖よりも分子が小さく、浸透性が高いので、先に塩を入れてしまうと、砂糖が馴染《なじ》みにくい。よって塩は砂糖のあとに加える」という理屈がきちんとあるのです。

ところが、とくに女性は「理屈よりも感覚」という方が非常に多いようです。先ほどの「料理のサシスセソ」の例をとっても、「理由は知らないけれど、とにかく塩は砂糖のあとでしょ」という人が意外と多く見受けられます。また、理由は知らなくとも「砂糖の前に塩を入れると、味がしみないのよね。だから〝サシスセソ〟なんでしょ？」と体験的に調味料の順を身につけている人も多いでしょう。「男性は理屈で、女性は感覚で動く」とはよく言われますが、調味料の「サシスセソ」についての認識は、その好例のような気がします。

これは、子どもも同様です。どんなときでも「なぜなんだろう？」と考えてしまうのが男の子。たとえば、お母さんが料理しているとき、「絶対に触らないでね」と言われると、そのひと言で「あ、触っちゃダメなのね」とわかってくれるのが女の子だとしたら、男の子は「なんで？」とまず考えます。

そう、みなさんはシュークリームを作ったことがありますか。生地がうまくふくらめば大成功ですが、うっかり途中でオーブンを開けてしまうと、ふくらみかけた生地がたちまちしぼんでしまいますよね。

お母さんが真剣な表情でオーブンとにらめっこしていたとき、「これは近寄らないほうがいいな」と直感で感じ取るのが女の子。甘い香りに誘われて、思わずオーブンを開けてしまうのが男の子です。

こんなとき、男の子に対して、すぐに「何やってんの！　なんでおとなしくしていられないの！」と感情的に叱りつけてしまっていませんか？

女の子なら、感情をぶつけられても、「まずいことをした」と骨身にしみてくれますが、男の子はそうはいきません。「なんでお母さんは怒ってるんだろう」「僕が何をしたというのだろう」と思うだけ。こんなことが続くと、男の子は次第に心を閉ざしてしまいます。

これは、勉強でも同じことが言えます。

「勉強しなさい！」と言われたとき、素直に教科書を開くのが女の子。でも男の子は「見たいテレビがあるのに、なんで勉強しなきゃいけないの？」と思ってしまうのです。この場合、いくらヒステリックに「テレビばっかり見てないで勉強しなさいって言ってるでしょ！」と怒っても、ほとんど効果がありません。

女の子のように「お母さんが怒りだすとまずいから、言われる前にやっちゃおう」とはなかなか思ってくれないのが男の子です。

男の子はいくら感情的に怒鳴り散らしても、「なんか怒ってる」くらいにしか思ってくれないと考えたほうが、無駄なエネルギーを使わずに済むというものです。

とはいえ、してはいけないことを教え、サボっているのを注意するのも親の役目。「怒っても無駄だから」「どうせ言ってもわかってくれないから」では、役割放棄と言われても仕方ありません。

では、どうやってわからせればいいのか――。

まず、「どうせ言ってもわかってくれない」というのは、大きな間違いだと自覚していただきたいと思います。「言ってもわかってくれない」のではなく、実は「わかってもらえる言い方をしていない」だけなのです。

女の子はお母さんにとって同性ですし、「どんな怒り方をすれば効き目があるか」は感覚的にわかっているでしょうが、男の子の叱り方について、わかっていないお母さんは、意外に多いようです。

男の子の叱り方、それは「理屈っぽく言う」ことに尽きます。

男の子は理屈で納得させないと、理解できない生き物です。「なぜそうなるのか」「どうしてこんなふうになるのか」がわからないと、すっきりしないと言い換えてもいいでしょう。

これは、お母さんに叱られたときも同じです。「なぜお母さんは怒っているのか」が理解できないと、「それはしてはいけないことだった」と理解できないのです。女の子のように「お母さんが怒った＝してはいけないことだった」とつながらないのが男の子だ、と思ってください。

先ほどのシュークリームの例で言えば、順序立てて説明するのです。

「いい香りがするから、開けたくなるのはよくわかるわ。でも、シュークリームって一気に焼き上げないと、きれいにふくらまないでぺしゃんこになってしまうの。ほら、見てごらん。ぺっちゃんこになっちゃったでしょ？　だから、オーブンがチンと鳴るまで、絶対に扉を開けちゃいけないのよ」

さらに「なぜシュークリームはふくらむか」を科学的に説明できれば、もう完璧。一回でそれほどのことが伝えられれば、男の子を理解できたお母さんの誕生です。

小さい頃から理屈で納得することを重ねてきた男の子は、物事を論理的に考えるクセが自然と身につき、学習能力も上がります。

つまり、感情的な叱り方で男の子を抑えるのは、わざわざわが子のアタマを悪くすることにつながる行為でもあるのです。

男の子と接するときは、意識的に理屈っぽくなってください。話の内容にも、説得力を持たせてください。正確に理解はできなくても、「物事には道理がある」と伝わるようにするだけでいいのです。

理屈を積み重ねていくことが、のちのち論理的思考や科学的思考の柱になり、理数系の力を伸ばす原動力となっていきます。忘れないでくださいね。

Point 16 男の子には「怒り」よりも「冷たさ」が効く

やらなければならない宿題、守らなければならない約束、しなければならない用事……。これらのすべてを子どもが自主的にやってくれたら、どんなにラクでしょう。こうため息をついている親御さんは、さぞかし多いでしょう。

何度か述べましたが、女の子にはこういうことをきちんとこなしてしまう子がとても多いのです。やらなければお母さんが怒るというわけでもないし、やらなかったことで何かトラブルが起きそうだと思えない場合でも、「きちんとしておかないとマズイ」「ちゃんとやっておかないと気分がすっきりしない」など、感覚的な理由で「やるべきことはやる」のが、女の子の特性だと言えます。

ところが、男の子の場合は「やっておかないと何か落ち着かない」と思うことはほとんどありません。それどころか、親や女の子にしてみれば「なんでそんなことをするのか理由がわからない」ということを平然とやってしまうのが男の子です。

お子さんが小さかった頃を思い浮かべてください。いきなり高いところから飛び降りてみたり、虫をいっぱい捕まえてきては水が入ったバケツの中に入れてみたり、DVDプレーヤーの中にドライバーを突っ込んでみたりと、「なんでそんなことするの」と叫びたくなることばかりしていませんでしたか？　本人なりに理由はあっても、まわりからは行動の理由が理解し難い存在、それが男の子というものです。

女性として感覚的に「やらなければいけないこと、やってはいけないこと」をつかんでいるお母さんが、このように「やらなければいけないことはせず、やってはいけないことばかりする」男の子を育てる過程では、多くのストレスがあります。

おそらく、すでに何度も経験されているでしょうが、「早くやりなさい！」と「なんでそんなことするの！」の連続だったのではないでしょうか。

そんな男の子を育てるには、「理屈っぽさ」と「説得力」が不可欠だと前項で述べました。ここで、問題は「お母さんの理屈が通じなかったとき・説得力不足だったとき」です。

たとえば、子どもを叱るとき、「まったく、何度言ったら……」と前振りをつけるのが当たり前になっているというなら、少々問題です。それは、子どもが親の言葉に説得力を感じていない証拠。

子どもからすれば、「なんか言ってるけど、なんだかさっぱりわからない」という状態なのです。このままでは非常によろしくない。いずれ「いつもいろいろ言ってるけど、わけわかんないから無視！」という子どもになりかねません。

「子どもを叱るときは感情的にならず、理屈で説得」とはポイント15でも述べた通りですが、それでも効果がない場合は、さらに理屈に磨きをかけるべきなのでしょうか。それでは、ますます子どもにとって「わけのわからなさ」が増すだけのような気がしてなりません。

そんなときは、思いきって「無視」を決め込んでみてください。

子どもが決められたことをやらないとき、いつもなら「もう、やりなさいって言ってるでしょ！」と言うところですが、あえて何も言わずにいてください。これだけだと「あ、もうやらなくていいことになったんだ。お母さんは諦めたんだ。しめしめ」となってしまいかねません。コツは「子どもに対してなんとなく冷たくする」こと。

たとえば、常日頃から「食事の前に宿題！」と言っているのに、ちっとも守らずテレビばかり見ているお子さんにはまず、いつも通りに「宿題を先にやるのが約束でしょう？」と言います。それでも子どもが従わなかったときは、聞こえるように大きなため息をつき、それ以上何も言わず食事のしたくを続けるのです。そして、食事が始まったら、子どもの話にあまり反応しないようにします。何を話しても「ふーん」程度しかリアクションせず、さっさと食事を片づけ、さっさと自分の用事を始めましょう。

完全無視をするのは子どもにとって酷ですので、「薄いリアクション」にとどめるのがコツです。何か話しかけられても無視して答えないのではなく、「あ、そう」「お母さん忙しいから、あとでね」とそっけない受け答えをして、自分がやりたいことに没頭してみましょう。異性間の無視は、同性間の無視よりもこたえるのです。

すると、子どもは「あれ？　お母さん、なんか冷たい」と思うようになります。これが「どうやら怒ってるみたい」「何か怒られるようなことしたっけ？」「やばい、宿題やってなかった！」と発展していきます。このように、自分からやるように仕向けることが大切。

説得しても聞いてくれない場合や、言われるまで何もやらないときは、こんなふうにあたかも大人の女として「冷たくあしらう」のも有効です。

子どもに言うことを聞かせようと思ったら、真正面から叱るだけでは効果なし。こんこんと説得したり、無視したりと、さまざまな方法を取るのが効果的なのです。それには子どもをナメないこと。ひとりの男として見る、冷静な態度が大切です。

Point 17 子どもの言い分をすべて信じるべきではない

「親は子どもの言うことを信じるべき」という言葉があります。確かに、常に子どもを信じるのは、親のあるべき姿です。でも、親自身にも覚えがあるように、人はウソをつく生き物です。自分の立場が悪くなりそうなときなど、ツジツマ合わせに必死になりながらウソをついた経験は、誰にだってあるでしょう。しかも、「すべての行動が公明正大で、後ろ暗いことはひとつもない！」という聖人君子のような人には、めったにお目にかからないのも事実です。

子どもにとっても、同じことが言えます。どんなに素直ないい子だって、魔が差すというか「つい……」悪い行動を取ったりします。とくに男の子の場合は、女の子よりも好奇心が強い生き物ですから、取り立てて深い理由などなくても、好奇心に突き動かされて「ちょっとしたこと」をやってしまいます。それが結果的に悪いことだった、というのはよくあることです。

また、女の子のように「これをやったらマズイ」というのが感覚的にわかるのはまれです。だから「ちょっとやってみようか」という衝動を抑えるのが難しいのです。そのため、男の子が「ちょっとした悪いこと」をする確率は、女の子よりもぐっと高くなると考えておきましょう。

そこで、子どもが「ちょっとした悪いこと」をしてしまった場合ですが、こんなとき子どもが「実は……」と告白してくれれば、何も問題はありません。

でも、常に「僕がやったんだ。ごめんなさい」と正直に認め、謝るとは限らないのです。たとえ「本当のことを正直に話して」と言っても、親の様子が真剣であればあるほど、子どもは「どうやらマズイことをしたらしい」「悪いことをしたとわかったら、きっとひどく怒られる」と考えてしまいます。その結果、子どもが「やっていない」とウソをつくのも、仕方がないことでしょう。

さて、こんな場合、親はどうするべきだと考えますか？　すなわち、「悪いことをしている可能性が極めて高いが、子どもは否定している」というとき、どんな態度を取るべきでしょうか。

冒頭で述べた「親は子どもの言うことを信じるべき」に従えば、「子どもが否定しているなら、それを信じる」となりますね。でも、それで本当にいいのでしょうか。「子どもの目を見れば、ウソをついているかどうかがわかる」という自信にあふれた親御さんもいらっしゃいます。それが本当なら、これは素晴らしいことです。

でも、現実はちょっと違うようです。なぜなら、そう考えている親御さんはともすると、非常に厳しく接する傾向があるからです。ウソや悪いことをしているのがバレて、とても厳しく叱られた子どもは、次からどうするか。自分がやったことがバレないよう隠し通す技術や、一度ついたウソはなにがなんでもつき通す技術に磨きをかける可能性が、必ずしもゼロではありません。

真摯なまなざしで、まっすぐ相手を見つめながらウソをつくような、油断ならない人間にわが子をしないためには、「なにがなんでもウソをついてはいけない」という毅然《きぜん》としすぎる態度は、有効ではない場合もあるのです。これは、親御さんが心のどこかに置いておいたほうがよい教訓と言えるのではないでしょうか。

では、私ならどうするか。これはやや難しい事柄です。子どもが悪いことをした可能性が客観的に見て高いが、子ども自身は否定しているという場合、私は「やみくもに子どもの言うことを信じるべきではない」と考えます。

「子どもの言うことをやみくもに信じる」というのは、子どもに「適当なことを言ったり、または適当にやっても大丈夫」という気持ちを植えつける危険性を秘めていると思うからです。そして「適当」が通用すると思い込んだ子どもは、やがて周囲に迷惑をかけるような、わがままな人間に育ってしまいます。

たとえば、親が買った覚えのないお菓子を子どもが持っていたとします。「これ、どうしたの？」と聞いたところ、子どもが「○○君のお母さんにもらった」と、どことなくウソっぽく答えました。子どもの言う通り、友達のお母さんにもらったかもしれないけれど、黙って買い食いしたのかもしれません。最悪の場合、万引きした可能性だって、完全には否定できないでしょう。

こんなとき、「子どもの言葉を信じなくちゃ」と、「あ、そう」で終わらせてしまうのは、子どもをまっとうに育てる努力を放棄している、と言わざるを得ません。だからといって、頭から「ウソでしょ！　本当のことを言いなさい！」と締め上げるのも、最悪の対応です。そんなことをしたら、子どもが歪《ゆが》むだけ。

では、どうするべきか――。

まず「確認」です。このケースだと「あら、そうなの。じゃあ○○君のお母さんにお礼の電話をしなきゃね」と言ってみてください。あるいは、宿題は毎日出ているはずなのに、「きょうは出てない」と子どもが言ったときは、「先生は毎日宿題を出すとおっしゃっていたわ。なのに、きょう出ないのは何か理由があるはずよ。理由がわからないなら、○○君に聞いてみようかしら?」と言うのです。そして、子どもが「本当は宿題がある」と告白したら、決して責めることなく、「そう、じゃあやらなくちゃね」と、さらりと受け入れてください。

真偽が定かではないことが起きたとき、親が「事実関係の確認なしには信じない」という態度でいると、子どもに「めったなことはできない」という引き締まった気持ちを根づかせます。

このような子は、大人になっても「自分さえよければどんな不正を働いてもいい」という考え方をしません。不正は必ず明らかになるものなのです。社会に害をなす人間をつくらないためにも「子どもの言い分を一〇〇%信じるべきではない」ことは、親として肝に銘じるべきです。余談ですが、子どもの言葉だけではありません。誰の言葉でも、一〇〇%信じるのはナンセンスです。

Point 18 家事を手伝わせると、学習効率が上がる

あなたは、お子さんに家事を手伝わせているでしょうか?「男の子だし、家事は手伝わせていない」という方がいまだにいるとしたら、それは時代錯誤もいいところ。男尊女卑がまかり通っていた時代ならいざ知らず、今や男でも家事能力は必須の時代です。

「別に、男だからという理由じゃなくて、子どもに手伝わせるとかえって面倒。忙しい時間にイライラするし、結局自分でやってしまう」

こういう方も多いのではないでしょうか。短時間で手際よく家事をこなしていく優秀な方ほど、こう考えがちのようです。

しかし、前述した通り、今は「男子厨房《ちゅうぼう》に入るべからず」の時代ではありません。あなただって一度や二度は「家事をよくしてくれるご主人」に憧れたことがあった

はず。最近では「イクメン」という言葉が市民権を得ましたが、「たまには家事を手伝ってくれる男性」では不充分で、「当たり前のように家事をこなして育児に参加してくれる人」が、女の子にとって理想の結婚相手というのをご存じですか？

晩婚化が進む現代です。得意料理のひとつもないようでは、女の子に相手にされず、結婚も難しくなるのは想像に難くありません。家事能力は、これからの男性にとって、孤独な老後を迎えないために欠かせない力なのです。まずは親からしっかり認識しましょう。

では、家事の訓練はいつから始めるべきでしょうか。

「ひとり暮らしをするようになり、必要に迫られるようになってから」と考える方もいるかもしれませんが、それでは遅すぎます。正解は「本格的に勉強を始める前の、小さな頃から」です。

とはいえ、最初から料理を手伝えとか、掃除をしろと要求するのは無理というもの。まずは「自分の身のまわりのことは、自分でやれるようになる」を目標にしましょう。

たとえば、まだ小さな子どもなら、毎日の着替えや脱いだ物を畳むこと、出かけるときは自分で上着を着て靴を履くこと。これくらいは、できるだけ小さなうちから躾《しつ》けるようにしてほしいものです。自分のことを自分でできる子どもには、どんなことでも「自分の意思できちんとやる習慣」が知らず知らずのうちに身につくものです。この力が、勉強を始めたときに大いに役立ちます。

たとえば、予習・復習やテストの勉強をするとき、「きょうはここまでやろう」「何時までに決めた範囲を終わらせよう」と自分の意思できちんと決め、きちんと終わらせることができるのは、小さな頃から「自分のことは自分の意思できちんとやる習慣」が身についた子です。この力がないと、結局、親御さんは「宿題やりなさい」「勉強しなさい」と叱り続けることになってしまいます。

自分のことが自分でできるようになったら、次は家事。たとえば箸を並べる、料理を運んで並べる、食べ終わった物をキッチンまで運ぶなど、簡単なことから始めます。そして、ゆくゆくは食べ終わった食器を洗うなど、子どもの年齢と能力に合わせて、手伝わせる家事をステップアップしていくとよいでしょう。

日頃家事をやっている方は重々承知しているでしょうが、家事とは決して楽しいものではありません。空いた時間があれば好きなことをしたい子どもにとって、食事が終わったら後片づけをさせられるのは、苦痛でしかないでしょう。

でも、どんなにイヤでもやらなくてはいけないのが、家事です。それをやらされることで、子どもの中には「なんとかして早く終わらせよう」という考えが芽生えるはずです。すると、子どもなりにいろいろ工夫して、素早く終わらせるためのノウハウを編み出します。この「作業効率を上げて楽しくないことを素早く終わらせる術」は、得意ではない科目の勉強をするときに大いに生かされるのです。

素早く後片づけをこなすために覚えた食器の「分類術」が、たくさんの英単語を覚えるときに役立つなど、家事をやっている子どもは「効率よい勉強法」を見つけやすくなります。手伝いの範囲がステップアップして、たとえば「日曜の昼ご飯はあなたの担当」などと決めて料理をさせるようになると、さらに子どもの能力が向上します。

料理ほど、多くの「なるほど！」と出合える機会はありません。しかも「料理の〝サシスセソ〟」には、砂糖と塩の分子の大きさの差が関係しているなど、科学に結びつく「なるほど！」が、たくさん隠されています。これは子どもにとって生きた体験学習になり、のちに出合う理科の実験で「これは料理の味付けの順と同じ」など、体験に結びつけることで理解が進みやすくなります。

このように、家事は生きるための技術を身につけるだけでなく、学習効果を上げる要素がとても多いのです。

料理に慣れてくると、必ず「本当ならしょうゆで味付けするけれど、カレー粉を入れたらどうなるか」といったように、子どもなりに工夫を始めるようになります。その結果、意外なおいしさに出合えれば、さらに工夫を凝らすようになるし、失敗は失敗で「では、どうすればいいか」と考えるきっかけにもなります。これは子どもの好奇心や探求心をかき立て、勉強にも結びつく能力を引き上げてくれます。

子どもに家事をやらせるだけでなく、さまざまな工夫をするように仕向けるには、親の態度にも工夫が必要になります。「手伝ってくれて本当に助かる。ありがとう」はもちろんのこと、「小学生のとき、そんなことできなかったわ。あなたってホントにスゴイ！」と褒めてあげます。これで子どもはさらにやる気が増し、自分なりの工夫をするようになるでしょう。「家事を手伝わせる＆褒める」は、セットにすることを、どうぞ忘れないでください。

Point 19

男はカラダで学習する

砂場で息子が友達と喧嘩《けんか》を始めました。よく見ると、わが子の手には砂がいっぱいついたおもちゃのスコップが……。

さて、こんなとき、あなたはどうしますか？

「こらぁ！　何やってるの！」と怒鳴りつけますか？

え？　そんな下品な振る舞いはしない？　失礼いたしました。

では、そばに寄り、手にしたスコップをそっと押さえながら、「こんなものを振り回しちゃいけないわ。こんなものでお友達を叩《たた》いたら、かわいそうでしょう。それに、もし砂がお友達の目に入ったらどうなると思う？　よく考えてみてごらん」と優しく諭しますか？

残念ながら、どちらも不正解と言わなければなりません。

正解は「黙って見守る」です。その結果、あなたの想像通り、息子さんはお友達を叩き、彼は砂まみれになって泣きだすことでしょう。でも、そこで飛びだしていってはダメ。さらに見守ってください。

泣きだした友達にたじろいだ一瞬、友達が思いきり息子さんを突き飛ばしたうえで、むちゃくちゃにぶってきたとします。息子さんも泣きながら立ち上がり、友達に飛びかかっていき、ふたりとも泣きながらの大喧嘩に……。親が入っていくのは、このあたりが適当です。

もちろん、金属でできた硬いスコップを振り回したり、目をめがけて砂を投げつけたりするような危険な行為があれば、話は別です。大きなケガになりそうな可能性がある場合に限り、すぐに飛んでいって止めるべきですが、それ以外のケースなら、黙って成り行きを見守っていただきたいのです。

最近は子どものためというよりも、お母さん仲間に「あの子はすぐに暴力を振るうから、うちの子とは遊ばせない」「あの子の親は放任主義で、子どもが暴力を振るっても知らん顔をしている」と言われてしまうのが怖くて、子どもが何かしそうになったら、すぐに止める親御さんも多いとか聞きます。

男の子を育てるには、喧嘩にしろ乱暴な行動にしろ、とことんやらせないのはよい結果を生みません。痛さや、加減することを直接カラダで理解しないまま大人になってしまうと、極端な話、怒った勢いにまかせて、相手を殺しかねません。

なぜなら、男の子は自分で経験し、カラダで覚えない限り「その行為がどんな事態を招くか」を理解することができない、という特性があるからです。先ほどの砂場の例でも、女の子なら「スコップを振り回したら、どんなことになるのか」を想像し、ひとたび「大変な事態になる」とわかれば、それを行動に移したりしません。でも、男の子は「スコップを振り回したら友達に当たって大泣きされ、しかも仕返しされて自分も痛い思いをし、楽しかった遊びの時間が台なしになった」と経験しない限り、「よって、スコップは振り回すべきではない」という結論を得られないのです。だからこそ、男の子には失敗させることがとても重要です。

男の子はカラダで学習する生き物。女性には理解し難いかもしれませんが、男とはそういう生き物だと知ってください。たとえば、子どもが大好きな遊びに、階段からの飛び降りごっこがあります。最初は二段からしか飛び降りられなかったのが、三段になり、四段になり、五段になっていきます。勇気を振り絞って飛び降り、達成できたことに大きな喜びを感じるのが男の子です。

この遊びをしょっちゅうやっていると「今の自分なら四段は飛べるが、五段は飛べない」と自分の能力を的確に判断する力がつくだけでなく、「飛び降りる瞬間に腕を大きく振り上げると、飛距離が出る」とか、「飛び降りて着地するとき、ひざを曲げると衝撃が和らぐ」とか、さまざまなことを学べます。

でも、「もし着地に失敗して足をねんざしたら大変だ」と、この遊びを全面禁止されてしまったら、その子は自分がどのくらい飛べるのか、飛び降りたときに、足にどれくらいの衝撃がくるのか、ということを学べません。そのため、友達にそそのかされていきなり七段から飛び降りて大ケガをしてしまうこともあるでしょう。

たくさんの経験を積み、さまざまな失敗を重ねてカラダで学習した子どもは、成長してからむちゃなことをしません。

新しい出来事に遭遇したとき、どう対処すればいいかを考え、結果を予測して成功に導く力のもととなるのは、幼い頃から積み重ねてきた経験です。

より多くの経験をさせるためにも、「危ないからやっちゃダメ」は最小限に抑えるのが、柔軟性に富み、危機回避能力の高い男性に育てるベースと言えるでしょう。

Point 20

進化するゲームとのつきあい方

アメリカで世界初の家庭用ゲーム機が誕生したのは一九七二年のこと。日本で爆発的に家庭用ゲーム機が普及したのは、その一一年後の一九八三年に任天堂ファミリーコンピュータ（通称ファミコン）が登場したのがきっかけです。今、まさに子どもの教育に頭を悩ませる子育て世代は、同時にファミコン世代と呼んでもいいかもしれません。

ファミコンが登場してから、子どもの遊びは大きく変わりました。外で遊びまわっていた子どもたちのほとんどが、家にこもってコントローラーを握りしめて遊ぶようになったのです。

それでも当時の家庭用ゲーム機はテレビに接続しなければ遊べなかったため、親は「食事が始まるから」「見たい番組があるから」という理由でゲームをやめさせることができました。「ゲームは一日二時間」というルールを守らせることも簡単だったわけです。この親主導が可能だった状況を大きく変えたのが、携帯ゲーム機の登場です。ゲームは完全に個人的なものとなり、子どもは自室にこもって、いつまでもゲームにのめり込むようになりました。

ゲームにおける「個」の流れは二〇〇七年にスマートフォンが登場し、スマホゲームが生まれることで決定的になりました。しかも、最近主流となっているオンラインゲームは、昔のゲームとはその性質が大きく異なります。オンラインゲームでは同じゲームにログインした顔も知らない不特定多数の人と対戦したり冒険したりするうちにライバル関係や友情が生まれることもあり、それが一種の高揚感を生みだします。

また、オンラインゲームは昔のゲームと異なり、終わりがありません。画面の向こうにいる「仲間」のため、寝食の時間さえ惜しんでゲームを続ける人が増え続けていることは、もはや社会問題です。この状況に、二〇一九年、WHO（世界保健機関）は「ゲーム障害」を新たな国際疾病分類として認定しました。

ゲーム障害とは、「ゲームをする時間をコントロールできない」「ほかの生活上の関心ごとや日常の活動よりゲームを優先する」といった症状が一年以上継続することを指します。いかがでしょう？　あなたのお子さんは当てはまっていないでしょうか。

最初は誰もが気分転換にとか、勉強で疲れたアタマをリフレッシュするためにといった軽い気持ちでゲームを始めます。ところが、画面から放たれるゲームの刺激に、画面の向こうにいる「ゲーム仲間」とのつながり感に、あっという間に引き込まれてしまうのです。そして、昼夜、寝食を忘れてゲームにはまり込んでいきます。

そんな生活を送るうち、やがて朝起きることができなくなり、学校も休みがちになり、昼夜逆転の生活になってしまう。まさにアルコールや薬物と同じ、依存症です。

ゲーム依存になった子どもは学力が著しく低下し、もちろん成績も低迷します。その結果、私の元へ相談に訪れるというケースが増えているのですが、こうした子どもは、約束の時間を守らない、実際に会って何か質問しても、答えにならないようなことを口にするという共通点があります。

ゲーム依存の子どもは、学校がある平日でも七時間、休日には一二時間以上もゲームをし続けます。その間、アタマはゲームが次から次へと与える刺激を受け止める一方で、考えることを止めています。そして、必死になって勉強して理解したことを忘れてしまうのです。

たとえば二時間必死に勉強し、疲れたアタマをクールダウンするためにゲームをするのは、よくある光景でしょう。ところが、ゲームにのめり込むとせっかく覚えた内容をすっかり忘れてしまうのです。アタマにはキャパシティがあるようで、ゲームの強烈な刺激を持つ〝情報〟が、勉強で理解して得た情報をアタマから押し出してしまう……私はそう思っています。いわば繊細な和食の味を楽しめる味覚を、強烈な刺激のファストフードが混乱させてしまうような感じでしょうか?

「きょうの分の勉強が終わったら、息抜きでゲームしてもいい」とは、多くの家で取り入れている方法かもしれません。親としては「アメとムチ」のつもりかもしれませんが、これほど大きな過ちはありません。

私が知っている最悪のケースのひとつをご紹介しましょう。その男の子は、小学生のときに必死に勉強し、やっとの思いで有名私立中高一貫校に合格しました。入学のお祝いに念願のスマホを買ってもらい、いろいろと触っているうち、オンラインゲームの存在を知ります。そこから一気にハマってしまったのです。

通学電車の中も、学校の休み時間も、暇さえあればゲームをするようになり、帰宅してからもスマホを片時も手放しません。夜も布団の中でゲームをするため、睡眠時間が削られていきます。授業中に居眠りをすることも増え、やがて学校の授業についていけなくなりました。授業がわからないのだから、テストでいい点数を取れるわけもなく、すべての教科で成績が落ちていきました。

こうなると、せっかくの中高一貫校でも内部進学ができなくなります。授業にはついていけず、成績は最下位あたりをうろうろしているような生徒ですから、外部の高校を受験したところで、合格するのは難しく、結局通信制などの高校を選ばざるを得なくなりました。

自分が蒔《ま》いた種とはいえ、この結果がおもしろいはずがなく、本人はますますゲームにのめり込んでいくようになります。昼夜逆転はさらに悪化し、一日のうち二〇時間はゲームをしているのではないかという状態に陥りました。

オンラインゲーム、すなわちネットゲームにハマってほかのことができなくなった人のことを「ネトゲ廃人」と呼ぶそうですが、彼はまさにその一人でした。

息子が廃人になっているのを黙って見過ごせる親はいません。彼の母親は、何度となく息子からスマホを取り上げました。そのたびに彼は暴れ、ものを投げ、時には拳で壁に穴を開けたといいます。そしてついに、母親に手を上げ、警察沙汰となってしまったのです。

もう親ではどうすることもできないと、彼は結局、ゲーム障害やネット依存の治療を行う医療機関に入所することになったといいます。まだ一〇代の少年ですが、アルコールや薬物、ギャンブルなどの依存症に苦しむ人たちと同じ場所で、ゲーム障害から立ち直ることを目指しているのです。

かつてゲームをやりまくり、依存症に陥っていたある少年は、こんなふうに言っています。

「そこにスマホや携帯ゲーム機があったら、やろうとしない子どもはいない。親が不在だと際限なくやってしまう」「そこにスマホや携帯ゲーム機があったら、スイッチを入れる以外にほかのことを思いつかなくなる」

これらの発言は、まさしく薬物やアルコールの依存症となんら変わりがないことを証明しています。彼が言う「スマホは高二くらいで初めて持たせるのがちょうどいい。それ以下だとあっという間にゲームにハマってしまう」という意見は私とまったく同じです。

ところが実際は、小学生くらいでスマホを与えたり、クリスマスや誕生日プレゼントに最新の携帯ゲーム機を選んだりする親がとても多いのが実態です。勉強の息抜きのため、友達との話題についていくため、頑張ったご褒美などその理由はさまざまですが、これはできる限りやめていただきたいと思います。

仕事をしている親と連絡をとるためにどうしてもスマホが必要というなら、「ゲームアプリはダウンロードしない」「帰宅したらスマホをリビングに置き、自室に持ち込まない」「携帯ゲーム機で遊ぶ時間を決める」などのルール作りは必ずしてください。

そして、すでにスマホや携帯ゲーム機を買い与えていて、ゲーム障害の兆候が見られるのだとしたら、これは長期戦を覚悟しなければなりません。依存が始まっている状態からスマホやゲーム機を取り上げるのは逆効果です。先ほどの例は極端だとしても、強く抵抗されて親子の信頼関係が崩れる可能性もあります。

ゲームのとりこになった子どもを取り戻すには、自然体験をさせるといいと私は確信しています。実際にいくつもの効果がありました。

自然は人間の予想をはるかに超えた存在です。その営みを創造することもコントロールすることもできません。川の流れは一定なように見えますが、常に変化しています。足場にちょうどいいと思った岩に苔《こけ》が生えていて思いがけなく転んでしまうこともあれば、それまで空を覆っていた雲が突然流れて素晴らしい景色が広がることもあります。

すべてが想像を超えた世界で遊ぶことは、五感をフルに活用することにつながります。すると、脳が活性化されます。なかでもとりわけ効果が絶大なのは、焚《た》き火です。詳細はポイント41でより詳しく説明します。

Point 21 キャンプをさせよ

男の子はカラダで経験し、さまざまなことを学んでいく生き物です。だからこそ、男の子が成長するには、さまざまな体験をさせることが欠かせません。

こう申し上げると、「うちの子はサッカーも水泳も習ってるし、お絵描き教室だって通っている。勉強を始める前の経験としては、充分すぎるほど」とおっしゃる方もいるかもしれません。確かに、スポーツをやってカラダの動かし方を身につけるのはとてもよいことですが、サッカーや野球などの団体競技の場合は、指導者によっては逆効果になりかねない場合もあります。

スポーツ指導者には、「自由にやらせる」というタイプよりも「自分に与えられたポジションをきっちり守り、役割を果たすことを目的にする」タイプのほうが多いように感じられます。これは、競技の性格上、仕方ないのかもしれません。ただ、その結果、軍隊も顔負けの厳しい統制をするなど、フィールド上の独裁者となってしまう指導者もいるのが実態です。とくに元教師だったというような年配の男性や、やる気マンマンの若者が指導者になった場合は、この傾向が強いように思えます。

もし指導者に恵まれたとしても、スポーツ教室などでは「予想外のアクシデント」が起きないよう、細心の注意が払われているものです。これは、子どもの安全を預かる立場としては当然の配慮ですが、男の子がさまざまな体験をするという意味では、物足りない結果となってしまいます。

なぜなら、「予想外のアクシデント」が起きたときこそ、「どう対処すべきか」を判断する力がつくし、自分の機転でアクシデントを乗り越えたときに、大きな達成感を得られるからです。

たとえば、野球を思い浮かべてください。きちんと整備されたグラウンドでは、転んでケガをする危険性も低いうえに、自分に向かってきたボールは、ワンバウンドしてもまっすぐ自分に向かって飛んできます。ところが、まったく整備されていない、デコボコだらけ、石ころだらけの空き地で草野球をするとなると、そうはいきません。

フライに気を取られて足元への注意を忘れていたら、転ぶこともあるでしょう。ワンバウンドしたボールが、とんでもないところに飛んでいってしまうこともあるでしょう。近所の家にボールが飛び込んでしまうこともあるでしょう。これらの「予測不能なアクシデント」が起きたとき、子どもたちはさまざまな工夫を始めます。突然のトラブルに、どう対処すればいいのか――これを考えるとき、子どもの判断力が養われるのです。

では、子どもに多くのことを体験させ、しかも「予想外のアクシデント」が起きやすい状況をつくるには、どのようにすればいいのでしょうか。

私は、このすべての条件を満たすのが「キャンプ」だと思うのです。

自然の中で過ごすキャンプは、子どもにさまざまなことを教えてくれ、日常では巡り合えない多くの体験をさせてくれます。

たとえば、昆虫はどんなところに棲《す》んでいるか。木登りに適しているのはどんな木か。効率よく魚を捕まえるには、どうやって川の流れをせき止めればいいか。どんな木を集めれば、いい焚き火ができるか。火事を起こさないためにはどうすればいいか。雨の中での炊事はどうすれば可能か。離れた場所にいる友達と意思の疎通を図るには、叫ぶ以外にどんな方法があるか。鳥や昆虫の名前・生態、星座の名前……自然は、どんな図鑑よりも多くのことを教えてくれます。

しかも、自然を相手にするキャンプでは、「予想外のアクシデント」が起きやすいのです。たとえば、突然風が吹いてテントが揺れるときはどうすればいいか、釣り糸が絡んだときはどうすればいいか、飯ごうのご飯がうまく炊けないときはどうすればいいか……。常に判断力が要求されることが起き、アクシデントが起きるたびに「予想外のおもしろさ」が広がっていくことを、子どもは必ず実感します。

だからといって、ただ単純にキャンプに行けばいいというものではありません。子どもにより多くのことを学ばせるためには、「賢いやり方」があります。

それは、「大人は見守るだけで、できるだけ手を出さない」こと。荷物を整理し、役割分担を決めてテント張り、炊事、焚き火づくり……と、それぞれの任務を遂行するというキャンプのすべてのことを、できるだけ子どもに任せてしまうのです。

もちろん、失敗はあるでしょう。しかし、失敗したからといって、すぐに手を貸してはいけません。危険でない限り、失敗を重ねることはとても重要です。

試行錯誤を繰り返した末に成功を収めたとき、子どもは大きな達成感だけでなく、自分の役割を果たしたことにより、自己の存在意義を感じるのです。

「野山を駆け回っている暇があったら勉強を……」と考える人もいるかもしれません。でも仕事上、小学校高学年から学力がぐんぐん上がっていく子と話をしてみると、「小さい頃、よくキャンプに行っていた」という子どもが驚くほど多いのです。これは、たくさんの子どもたちを教えてきた私自身の実感です。

子どもにできる限り多くの体験をさせるのは、親の務めです。ぜひ忘れないでください。

Point 22

「ゲーム」をさせよう

子どもには、遊びが絶対に必要です。これは私が常々申し上げていることであり、この本の中でも繰り返し述べてきました。

とくに男の子は、友達同士で自然の中で遊ぶことが、好奇心や新しいことを発見する力をはぐくんでくれます。都会に住んでいて周囲に自然がなかったら、キャンプをしてでも自然と遊ぶ体験を積むことをおすすめするのは、カラダを使って自然と遊ぶことがもたらす絶大な学習効果を知っているからにほかなりません。

しかし、いくらキャンプがいいといっても、定期的に子どもとその友達を引き連れてキャンプに出かけるのには、難しいというご家庭もあるかもしれません。行けたとしても、せいぜい夏休みなどの長期休暇を利用して、年に二、三回くらいだという場合、キャンプ以外にどんな遊びをすればいいのか——。

まさか、「うちは年に二回必ずキャンプに行くから、あとは勉強に専念！　たまにテレビゲームやパソコンゲームで気分転換すればいい」などと考えていないでしょうね？　これでは、わざわざ子どもの頭を悪くするばかりです。

確かに、パソコンゲームやテレビゲーム、スマホゲームは子どもが熱中してやるし、「友達と話が合わなくなるから」と、渋々ながら容認している親御さんは少なくありません。でも、こうしたゲームは一方的に刺激を受けるばかりで、自分が主体となって考えることが極端に少なくなります。

次々と繰りだされる一方的な刺激に対して、瞬時に反応する反射神経のみが求められるため、「問題にじっくり取り組み、隠された真実を読み取る力」が失われてしまうのも、これらゲームの特徴です。そのため、ゲームばかりしている子どもは注意力がなく、テストでも問題文をきちんと読もうとしないことが多いものです。問題を読んで答えを書くのですが、問題の読み違いが多く、つまらない間違いを犯しがちになります。

「何時間もするわけじゃないし、少しの時間ゲームをやるくらいなら、勉強の息抜きになるから」とおっしゃる親御さんは、子どもが遊んでいるゲームをしてみるといいでしょう。よくできていて、子どもが夢中になるゲームほど、短時間でのめり込み、夢中になっているときは頭が空っぽになってしまうことや、まるで中毒になったように取りつかれてしまうことがわかるはずです。

これでは子どもの頭にいいわけがないと、親御さんも実感していただきたいものです。

「自然の中で遊ぶ機会はないし、ゲームもダメ。ではいったいどんな遊びがいいの？」

そんな声が聞こえてきそうですね。私が絶対の自信を持っておすすめするのは……やはり「ゲーム」です。

いや、矛盾しているわけではありません。私が言っているのは、昔ながらのゲーム、すなわちトランプなどのカードゲームや、チェス、将棋などのボードゲーム。バクチというイメージを持たれがちですが、麻雀《マージャン》などもいいでしょう。

これらのゲームに共通して必要なものは、なんといっても「戦略」です。たとえば、自分がエースを持っていて、場に一枚のエースがすでに出ている場合、相手がエースを持っている確率はどのくらいあるのか？　相手がこのマスに桂馬《けいま》を置いた意味はなんなのか？　相手が捨てた牌《パイ》に一と二が多いということは、三も必要ないと言えるのか？　などなど、ゲームの間じゅう、頭はフル回転で働きます。

確率、順列、組み合わせを考え、瞬時に自分の戦略を立て、相手を引っかける……。

この能力は、そのまま数学の力に直結します。現に、一流大の理数系で優秀な成績を収めている学生に話を聞くと、小さい頃にこのようなゲームを楽しんだという子が驚くほど多いのです。

理数系の中でも、物理や建築を専攻している学生に話を聞くと、子どもの頃にレゴに夢中になったという経験を持つ学生が圧倒的に多いことに気づきます。たとえばレゴで家を作るとき、単純にレゴを積み上げていっただけでは、ポキンと折れてしまいます。できるだけ高くて頑丈な壁を作るには、レゴを交互に組み合わせるなどの工夫が不可欠です。これが生きた力学や立体造形の学習となり、成長してから物理と出合ったときに「レゴの壁作りと同じだ！」と、すんなりと結びつけることができます。

私が知っている優秀な理数系の学生に、「子どもの頃、貧しくてレゴを買ってもらえなかった」という子がいました。彼は粘土の小さな固まりをたくさん作って積み上げることで、レゴの代用にしたと言うのです。

「これだと、高さのあるものを作ろうとすると、土台の粘土がつぶれてしまうんですよ。だから、粘土の芯に割り箸で作った柱を入れて補強するんです。そうすれば、粘土でもしっかりした建物が作れるんですよね」

こう話す彼は、幼い頃からカラダで「強度」の学習をしていたのです。これは、講義で初めて「強度」という概念と出合った学生よりも、はるかに能力の伸びが早い。これぞ私が常々申し上げている「遊び体験の蓄積がのちの学習と結びつく」端的な例と言うことができます。

もうひとつ、おすすめなのはパズルです。受験業界で長年仕事をしてきて知っていたことですが、「算数ができる子どものほとんどはパズル好き」という事実があります。ですから最近では、大手進学塾でも小学校低学年クラスの授業でパズルを取り入れているのです。くわしくは拙著『算数脳がグンと伸びるパズル』（ＫＡＤＯＫＡＷＡ刊）をお読みになっていただければ幸いです。

Point 23

「美しいもの」は絶望を遠ざける

人生には多くのつまずきがあります。仕事での失敗、病気、家庭内のトラブルなど、現在もさまざまな悩みや挫折を感じている方も多いのではないでしょうか。

大人になればなるほど、つまずいてもそれを乗り越えることができます。それは、年齢を重ねるにつれてさまざまな経験をしてきているからこそ、ささいなトラブルが挫折にまで発展しないのです。ところが、経験の少ない子どもにとっては、ほんのささいな壁が乗り越えられず、簡単に挫折し、絶望してしまうことがあります。

最近、自ら命を絶つ子どもが増えています。ひとりで旅立ってしまう子もいれば、インターネットで出会った初対面の人間と集団自殺をする子もいます。昔から一〇代で自殺する人はいたわけですが、やはりこの状況は異常だとしか思えません。

学校と家庭を往復している子どもにとって、世界はごく小さなものです。それだけに、大人から見ればごくささいなこととしか思えないようなことで、簡単に絶望してしまいます。それは人生経験が浅いだけに、ささいなつまずきが大きな壁に感じられてしまうからにほかなりません。

山登りを何回も経験していれば「このくらいなら大したことない」と思えるような低い山でも、初めて登った人には富士山かエベレストのように感じられ「もう一歩も歩けない」とへたり込んでしまうのと同じようなものです。

初めて挫折を経験し、深く絶望してしまった子でも、数年たてば「あのくらいのことで死ぬほど悩んだ自分」に笑ってしまうに違いありません。しかし、もちろん初めからそんな境地に達するのは不可能です。

絶望を味わったからといって、すべての子どもが死を選ぶわけではありません。それでは、命を絶ってしまう子と、生き続けることを選ぶ子の違いはどこにあるのでしょう？　簡単に「もう生きていられない」と思ってしまう子と、「つらいけれど死ぬことはない」と思う子の違い。私は、それは「美しいものを知っているかどうか」にあるのではないかと思うのです。

たとえば、ささいなことがきっかけで友達が声をかけてくれなくなってしまったとき、子どもは学校に行く気力を失ってしまい、憂うつな気分に支配されてしまいます。このとき、ふと見上げた空が夕焼けに染まっていたとします。そこで立ち止まって「ああ、きれいだな」と感動するひとときは、一瞬、目の前の悩みを忘れさせてくれます。

あるいは家に帰り、好きな音楽を聴いたり、絵を見たりして、その美しさに浸るひとときは、心を癒《いや》してくれる時間です。

こんな経験が「生きていくことは、そんなに悪いものじゃない」という希望につながっていくのです。そしてこれこそ、自然や芸術がもたらす喜びなのではないでしょうか。

自然にしろ芸術にしろ、「いいな」と思えるものを見つける力、感動する能力は、人生を楽しむ基礎をつくってくれるものです。

勉強に打ち込むことはいいことです。しかし、その一方で、美しいものに触れて感動する心をはぐくむことがなければ、物事を味わう力が育ちません。

物事の美しさ、深みを知らない子どもは、人生でつまずき、挫折したときにふと視点を変えて、「世界っていいものだ。生きているって素晴らしい」と思う心のゆとりが持てないものです。だから、ささいなことで絶望し、自らの命さえ絶ってしまうのではないでしょうか。

感動する心を育てるには、何より親が「美しいもの」に目を向けるように導くことが大切です。いきなり画集を突きつけて「これはルノアールの画集よ。見てごらんなさい」と言われても、美しいものに触れる喜びは生まれません。これでは参考書が画集に変わっただけです。

そうではなく、日常的に美しい音楽を流したり、親自身が画集を眺めて楽しんでいる姿を見せたりして、いつも身近に美しいものがある状況を、ごく当たり前につくっておくことが必要でしょう。コンサートや美術館に連れていくのもよいでしょう。

芸術だけでなく、たとえば道端に咲いている花を見つけ、「見て！　きれいな花だね」と声をかける。夕焼け空を一緒に見て、「きれいな色だね。ほら、どんどん色が変わっていくよ」と一緒に感動する……この積み重ねで、子どもは「世界には美しいものが満ちあふれている」ことを知るでしょう。そして、自分から美しいものを見つけられるようになります。

こうなると、子どもから「お母さん見て、きれいでしょ」と言う機会が増えてくるはずです。このときは、それが虫であろうが、路傍の石ころであろうが、一緒に「ホントだ！　きれいだね。よく見つけたね」と感動してあげてください。決して「そんなもの拾ってきて、汚いじゃない！　早く捨てなさい！」と否定してはいけません。

子どもが心を動かしたものに共感する――これが「教育の基本」です。忘れないでください。世の中には美しいものがたくさんあります。それを知り、自分でも見つけられる子どもは、挫折を経験しても自分の気持ちを紛らせ、癒すことができます。また、こんな子どもは、簡単に絶望したりしません。

お子さんが自ら命を絶ったり、世の中に絶望してひきこもったりしないためにも、美しいものを知ることはとても大切なのです。

Point 24

男の子を育てるには、夫婦の会話が必要

少子化の問題は、年々深刻になっています。昔は兄弟姉妹が四人、五人という大家族も珍しくなかった日本ですが、最近は一人っ子家庭が当たり前になってきてしまいました。

私は、少子化の問題は「親自身が少子化という現実の中で育っている」ことも見落とすことができないと考えています。すでに少子化社会が始まった今の親世代は四人、五人と兄弟姉妹がいる家庭で育ったという人は、ほとんどいないのではないでしょうか。兄弟姉妹が少なくとも、男女のバランスがとれているならまだいいのですが、姉や妹だけだった、もしくは一人っ子だったという女性が結婚し、生まれ

た子どもが男の子だった場合、これは由々しき問題です。

お母さんもかつては女の子だったわけですから、女の子を育てるぶんには問題がありません。ところが、男の子を育てる場合、まず「男の子はどういうプロセスを踏んで育っていくか」に始まり、「男の子とはこういうものだ」という「男の生理・男の生態」に関するサンプルがなく、すべてが初めて出合うものばかりになってしまいます。

たとえば非常に身近な例で言えば、子どもがまだ小さい頃、外で突然「オシッコしたい！」と言いだしたとしますね。こんなとき、小さな頃から男兄弟と一緒に育ってきたお母さんなら、少しも慌てず、子どもを目立たない草むらなどに連れていき、そこで用を足させることができます。はっきり申し上げれば、そんなときは立ちションさせればいい、とわかるのです。

ところが男兄弟がなく、身近で小さな男の子を見たことがないお母さんの場合、「小さな男の子なら、立ちションさせればいい」という判断がなかなか出てきません。トイレを探して走り回ったあげく、おもらしさせてしまったという、母子ともに気の毒な経験を持つお母さんは、意外に多いものです。

また、お母さん同士でレストランや喫茶店に行ったときなど、お母さんとしたら「しばらくおとなしくしててね」と子どもに言うでしょうし、折り紙でも与えておけば、ひとりで遊んでいるものと思ってしまいがちです。でも、これが通用するのは女の子だけ。男の子は、じっと椅子に座っていられる生き物ではありません。いろいろなものに興味を示し、好奇心の赴くままに動き回る男の子は、たとえ一時は折り紙をしていたとしても、いずれ折り紙を放りだして店内をうろちょろ動き回るようになるのです。

お母さんにしてみれば「まったくこの子は落ち着きがないんだから！」と怒ってしまうでしょうが、これは「男の子というものを知らない」お母さんにも責任があります。それに気づかなくても、「この子がうろちょろするから、レストランや喫茶店には行かない！」と決める、賢明なお母さんもいるでしょう。

問題なのは、うろちょろする子どもを厳しく叱りつけ、男の子本来の姿をねじ曲げて「おとなしく座っていられるよい子」に矯正してしまう母親です。こんなことを繰り返していると、子どもが本来持っている旺盛な好奇心を奪い取り、無気力な人間をつくってしまいかねません。

さらに問題なのは、子どもが思春期になる頃です。この年頃の子どもは、男女に関わりなく、異性に興味を持ち始めます。お母さん自身も、この頃は「恋に恋するお年頃」で、次々と気になる異性が現れた経験がおありでしょう。基本的に男の子も同じなのですが、大きく違うのは、この時期の男の子は、自分でもてあますほどの強い性欲に悩まされるところです。

気になる異性とか恋とかいう以前に、盛んにつくられる精子を排泄《はいせつ》したくてたまらないという感覚は、女性に理解することはできません。とはいえ、まだ相手を見つけるだけの力がないため、必然的にインターネットのアダルトサイトを見たり、成人雑誌を見たりするなどして性欲処理をするようになります。これはまったく正常な行為であり、男として生まれたからには、必ず通らなければならない道です。

ところが、そんな「男の生理を知らない」母親が、子どもが見ていた卑猥《ひわい》な画像や雑誌を見つけ、いきなり「変態！」とばかりに大騒ぎしてしまうケースがあります。これでは罪悪感を植えつけるばかりか、健全に育つはずの性欲が大きくねじ曲がってしまいかねません。

では、母親の手に負えない男の子を健全に育てるにはどうすればいいのか——。

ここで不可欠なのが、父親の存在です。父親なら「ホース」を使って上手にオシッコをするにはどうすればいいかから、うろちょろせずにいられないときの対処法まで、いろいろと教えることができます。

そして何より、父親の存在が重要になるのが、前述の思春期だと思われます。「あの子の部屋でこんなものを見つけたんだけど……」と不安になる母親に対し、父親は「ああ、大丈夫大丈夫、男ってそういうもんだから。いずれ彼女ができて、飽きるよ」と軽く流します。これにより、未知なる生き物・男の子と戸惑いながら接しなければならない母親が思い詰めてしまうことを防ぎ、子育ての不安を解消してくれます。

その前提として欠かせないのが、「夫婦の会話が多い、風通しのよい家庭」です。日頃から会話の多い夫婦でなければ、子どもの性というデリケートな問題を語ることはできません。これは一朝一夕にでき上がるものではありません。それは、みなさんも実感されているでしょう。

来るべき子どもの思春期に向けて、日常会話で子どもの様子を話し合う良好な夫婦関係が、男の子を正常な男性に導くということを、忘れないでいただきたいと思います。

Point 25 手づくり料理が、不登校を防ぐ

タイトルを見て、「ハァッ!?」となっている方も多いでしょう。料理と不登校の関係がわからないという方のために、まず「なぜ不登校になってしまうのか」を考えてみましょう。

人間関係だけをとっても、大人には「職場」「家庭」のほかに「子どもの学校関係者」「趣味の世界」「旧友」「近隣」「よく行く店」など、さまざまな人間関係が縦横に張り巡らされています。「職場ではテキパキとしたバイトのまとめ役、近隣住民にとってはほがらかな奥さん」「家庭では寡黙な父、趣味の世界では勝負師、子どもの学校ではよく遊んでくれるパパ」など、その場に応じてキャラクターを変えるのは、よくあることです。

ところが、子どもの世界は大人に比べて極めて狭いものです。主な世界は「家庭」と「学校」で、これに習い事や塾が加わるくらいでしょう。

ひと昔前なら、これに「隣近所の遊び仲間」が加わったものですが、最近は子どもの数も少なく、近隣で学校とは違う人間関係をつくるのが難しくなっているのが現状です。

子どもが小さい頃は、子どもの世界のウエイトのほとんどは家庭で占められていましたが、成長するにつれて家庭より学校の友達関係の比重が高くなり、大切になっていきます。学校という小さな世界が自分の世界のすべてとなる子は、決して珍しくありません。

日中のほとんどすべての時間を費やす学校内での人間関係は、子どもにとって濃厚な半面、ごくささいなことがきっかけでガラリと表情を変えてしまうものでもあります。かつて学校に通っていたときを思い出せば、親御さんにも理解できるでしょう。

ちょっとした言葉づかいや態度、行動がきっかけで、昨日までの大親友が敵意を剝《む》きだしにしてきたりします。

これは、イヤになるほどありふれたことなのです。でも、学校が世界の大半を占める子どもにとっては、自分の世界の存亡をかけた大問題。ささいな言葉のあやで、居場所をなくしてしまう子どもは、後を絶ちません。

そのあげくに、「取り返しのつかないことをしてしまった」「友達に嫌われてしまった」「もう学校に居場所がない。もう行くことができない」……こんなふうに考え、不登校が始まってしまうのです。

どんな失敗を犯しても、挽回《ばんかい》する気力さえ失わなければ、やり直すことができます。私たち大人なら、当たり前に知っています。取り返しのつかないことなど、めったにないのです。

しかし、子どもはそれをうまく理解できません。なぜなら、子どもはまだ「モノを見る角度を変える術《すべ》」を持っていないからです。

仲間はずれにされたら、しばらくひとりで遊べばいい。ある友達に嫌われたら、別の友達と遊べばいい。先生に叱られたら、何か別のことで挽回すればいい。失敗しても、頑張って取り戻すよう努力すれば、必ず誰かが見てくれるはず。もし誰も認めてくれなかったら、学校はとりあえず通いつつ、何か別の世界を見つければいい。そうです、よく考えてみれば、世界は学校だけではないのだから……。

このように「見る角度」を変えれば、さまざまな道が見つかります。不登校になるほど、絶望する必要は本来、まったくないはずです。それなのに、「モノを見る角度を変える術」を知らないばかりに、いたずらに絶望してしまうのです。これはなんと惜しいことでしょう。子ども時代に絶望は似合いません。もっと光り輝く世界で、伸び伸びと生きるべきです。そのためにも「モノを見る角度を変える術」は、生きるための技術として身につけておく必要があります。

では、「モノを見る角度を変える術」は、どうすれば身につくのでしょうか――。

この代表が、実は「嫌いな食べ物も、調理法を変えればおいしく食べられる」ことなのです。たとえば、ピーマンが大嫌いだったとしても、ある日初めて青椒肉絲（チンジャオロース）を食べた瞬間、「あ、ピーマンってこう食べればおいしいんだ！」と気づくことがあります。また、セロリと鶏肉の驚くべき相性を知ることもよくあります。

毎日の食事で「こう料理すればおいしく食べられる」という発見を積み重ねてきた子は、トラブルを回避する技術が身につきやすいと思います。

イヤなことがあっても、見方や接し方を変えるだけで、よい方向に転換できると知れば、未来に希望を持つことができます。

ここで冒頭のタイトルに戻りましょう。

「手づくり料理が、不登校を防ぐ」――もうおわかりですね。「好き嫌いが多いから、好きなものばかり作っている」では、意味がありません。あの手この手で工夫して、嫌いな食べ物を克服させるメリットは、何も栄養面に限ったことではありません。「どんなことでも、やり方次第でいい方向に転換できる」ことを教えてくれるのが、手料理なのです。しかも、嫌いなものがなくなれば、世の中おいしいものばかりになり、食の楽しみ・喜びは無限に広がっていきます。これは、子どもにとっても幸せなことに違いありません。

Point 26

「口だけオババ」の言うことを聞く子はいない

おそらく、すべてのお母さんは「できることなら子どもを叱ったりせず、穏やかで優しい母親でいたい」と願っているはずです。ところが、現実はどうでしょう。「朝から晩まで子どもを叱ってばかり。本当にイヤになっちゃう」という方のほうが多いのではないでしょうか。

朝はなかなか起きない子どもに「早く起きなさい！　遅刻するわよ！」と声を荒

らげ、子どもが起きてきたらきたで、まさに分刻みで「早くご飯食べなさい！」「顔洗ったの？　髪がぼさぼさよ！」「早く学校に行きなさい！」と金切り声をあげ続ける。子どもがようやく家を出たあと、すっかり気力を消耗してしまい、しばらくは家事ができないというお母さんも、きっといるはずです。

子どもが学校から帰ったら、今度は「宿題はあるの？」「勉強しなさい！」、塾などがあれば「早く塾に行きなさい！」、夕食のしたくが調えば「冷めないうちに早く食べなさい！」「早くお風呂に入りなさい！」「いつまでテレビ見てるの？　勉強は？」、そして夜が更けてくれば「夜更かししてないで、早く寝なさい。また寝坊するわよ！」……。

いかがでしょう。この中にいくつ、いつもあなたが口にしているフレーズがありましたか？「全部」という方も、いらっしゃるかもしれませんね。

なぜ、親は子どもを叱るのでしょうか。決まってます、「きちんとした人間になってほしいから」ですよね。

叱られたことを謙虚に受け止め、反省し、二度と同じ過ちを繰り返させないようにする——これが、親が子どもを叱る理由です。反対に言えば、これ以外の理由、たとえば「なんだかむしゃくしゃする」「体裁が悪い」「自分の都合に合わない」などの理由で、子どもを叱るべきではありません。

でも、いくら「きちんとした人間になってほしい」というまっとうな理由があったにせよ、子どもに受け入れられなければ意味も効果もありません。

では、効果のない叱り方とは、どんなものでしょう。

それは、「言うだけ・口だけ」の叱り方です。

たとえば、子どもが学校から帰ってきたとき、「手を洗ってうがいをしなさい」と言ったとします。そこで、子どもが「友達の家に行くから、急いで宿題しなきゃ！」と言い返しました。こんなとき、「仕方ないわね」と引き下がってしまいませんか？

あるいは、「部屋を片づけなさい！」と叱ったとき、「あとでやるから」と言われ、「ちゃんとやりなさいよ！」と言って済ましたりしていませんか？

「いつまでもガミガミ叱りたくない」という気持ちが親御さんにもあるため、前述の例のように子どもの反論に一見筋が通っているようだと、「言うだけは言った」で終わらせてしまうことは、どうやらよくあるようですね。

しかし、これでは、子どもが親の言うことを聞かなくなるだけです。

一度注意したことは、断固としてやらせる。「あとで」は認めない——この毅然とした態度が、親には必要です。そのためには、状況を観察する力が必要です。

ところが、言うだけで実行させない親が、非常に多いようです。とくに「宿題をするから」「塾に行くから」など、勉強に関する言い訳をされると、すぐに「仕方ないわね」と引き下がりがちです。片づけなど身のまわりのことになると、男の子の場合は「男だから片づけが苦手でも仕方ない」と、最初から諦めているケースも少なくありません。

口ばかりで実行させないでいると、次第に子どもは親の言うことに従わなくなります。これを続けていると、子どもは「口うるさい親だが、適当に返事をしておけばすぐに黙る」と思うばかり。

こうした事態を避けるには、まず「一度親が口にしたことは、きちんとやらないと許されない」と決めるべきです。

そんなことをしたら、子どもががんじがらめになってしまう、と思いますか？もしそうだとしたら、そもそも「すぐにやらなくてもいいことまで、ガミガミ言いすぎている」と思ってください。子どもに注意をするときは、必ずやらせるという気概を持つと同時に、すぐにやらなくていいことは、言うべきではないのです。さらに言うなら、「子どもの処理能力を超えることは、言うだけ無駄」です。

「手を洗って、うがいして！　その前に、靴は揃《そろ》えたの？　洗面所行く前にランドセル片づけて！　プリントあるなら出しなさい！　宿題は？」

こんなふうに矢継ぎ早に言われたら、子どもは混乱するだけ。優先順位をつけ、言ったことは必ずやらせる——これが親の言うことをきちんと聞く子を育てる「賢い叱り方」です。

Point 27

反省しない親は、開き直る子どもをつくる

「悪いことをしたら謝る」——これは、人として当たり前のことです。ところが、最近のニュースを見ていると、なぜか「悪いことをしても謝らない人」が多くなったことに気づきます。

一流企業のトップ、官僚、政治家……社会的地位のある大人たちが、「悪いこと」をしても言い逃れをしたり、開き直ってみたりと、謝らずに済ませようとする姿を

連日目にする時代になってしまいました。自己反省をしないトップの姿は、現代の日本人の心情に大きな影響を与えているような気がしてなりません。こんな時代だからこそ、未来を担う子どもたちには「悪いことをしたらきちんと謝る」心を持ってほしいと思っています。

これは、家庭でも同じです。子どもが何か悪いことをしたら、きちんと謝らせるのは、とても大切です。たとえわざとやったのではなく、手を滑らせてしまったのだとしても、食器を割ったときには「あっ、ごめんなさい」とすぐに言葉が出る子どもであってほしいと、あなたは思いませんか？

そうではなく、割った瞬間に「わざとやったんじゃないよ。手が滑っちゃっただけなんだ。だから僕のせいじゃない！」と言い訳を始めるようでは、社会に出たときに「あの人は言い訳ばかりしている」と軽蔑されるでしょうし、人から信用されなくなるのは目に見えています。

もちろん、このケースでは、子どもが「ごめんなさい」と言ったすぐあとに、親が「わざとじゃないんだから、いいのよ。それよりもケガはなかった？」とフォローする言葉が欠かせません。そうすれば、自然と「しっかり持っていなかった自分も悪かった」と反省できるようになるのです。

そうではなく、いきなり「何やってるの！　もう、いいお皿なのに！」と子どもを責めてしまうと、子どもは「わざとやったんじゃない！」とすぐに言い訳するようになってしまいます。

きちんと謝り、反省する習慣は、どうやって身につくのでしょうか。これは、日頃から見せている親の態度にかかっていると言えます。

あなたは自分が悪かったとき、相手が小さな子どもであったとしてもきちんと謝っているでしょうか？「だって」「でも」とすぐに言うお子さんを見ていると、親自身が「でも……」と言い訳を始めがちだというケースがとても多いようです。

たとえば、明日が提出期日だというのに、プリントが行方不明になっているとします。子どもがしょっちゅう忘れ物をしているので、あなたは「またなくしたのね！」と怒りを爆発させてしまいました。子どもが「僕はなくしてない！　ちゃんとお母さんに渡した」と言っているのにもかかわらず、です。ところが、問題のプリントが家計簿の間から出てきました。そう、あなたがそこに挟み込んだまま、忘れていたのです。

こんなとき、あなたはすぐに「ごめんなさい。お母さんのせいだった」と謝ることができますか？

謝るどころか「あなたがちゃんと管理していないから悪いのよ」と話をすり替えたり、謝ったとしても「あ、ごめんごめん」と軽く済ませてしまうことがあるのではないでしょうか。

この瞬間、子どもが思うことは「お母さんはずるい」――これだけです。

いつもは「悪いことをしたらきちんと謝れ」と言っているのに、自分が間違いを犯したときは謝ろうとしない。このような態度を子どもに見せていては、謝れない人間をつくるだけだと、もっと親御さんは自覚していただきたいと思います。

「子どもに対して謝るなんて、親の沽券《こけん》に関わる」という方もいるかもしれません。とくに社会的に地位が高いお父さんなどは、こんなふうに考えてしまうかもしれませんね。しかし、親であろうと誰であろうと、間違いも犯すし、勘違いだってします。それは当たり前のこと。

大切なのは、間違いを犯したあとの態度ではないでしょうか。相手が子どもであろうと、目下の者であろうと、自分が間違っていたときはきちんと認め、謝罪する。

これもできていないのに、ニュースで問題を起こした政治家が詭弁（きべん）を使っているシーンを見ながらいくら高尚な政治批判をしたとしても、子どもは偽善の匂いをかぎ取ります。

親が間違いを犯したとき、「いつもあなたが忘れてばかりいるから」などと言い逃れをしたり、「あー、ごめんごめん」などといいかげんな謝り方をしていると、それは子どもに対して「悪いことが露見しても認めてはいけない」というメッセージを送っているのと同じになってしまいます。

それでは、本当に悪いことをしてしまったときに謝ることができない、反省することができない子どもをつくります。

反省できない子どもは、勉強でもつまずきがちです。このような子は、たとえテストで悪い点数を取っても、見直すことをしません。自分が犯した間違いは、見直したり反省したりする必要がない、と思っているからです。その結果、いつまでも同じミスを繰り返すようになり、子どもの成績はどんどん落ち、勉強する意欲もなくなっていきます。

親が自己反省をしないと、アタマが悪い子に育つ――これを常にアタマの隅に置き、ミスをしてしまったときは「ごめんなさい。お母さんが悪かった」と、真摯に謝る姿を見せてください。

Point 28

親の薄いリアクションに、子どもの心は閉ざされる

「子育てで大切なことは、子どもの話をきちんと聞くこと」

これはよく耳にする言葉ですが、あなたはお子さんの話をきちんと聞いていますか？　こう聞かれたら、たぶんほとんどの方が「ＹＥＳ」と答えるでしょう。仕事を持ち、忙しい人でも、子どもと話す時間をつくるなど、工夫をしている方も多いと思います。ただし、くだらない話にもつきあっているかどうかとなると、おそらく「ＹＥＳ」の数はぐっと少なくなるのではないでしょうか。

これは非常にマズイことと言わねばなりません。男の子にとっては「たかがくだらない話、されどくだらない話」なのです。大人から見ればなんの得にもならないくだらないことや、しょうもないことを好むのが、男の子というものです。

大人から見れば「くだらない！」と言い捨てたくなるような遊びや悪ふざけが大

好きだし、どうでもいいような話や冗談など、思わず「いいかげんにしなさい！」と言いたくなるようなことを好み、またくだらないことを思いついたら言わずにいられないのが男の子です。

大人にとっては、そんな話につきあうのは骨が折れることです。とくに、慌ただしく家事をしているときや、仕事で疲れきっているとき、ゆっくり新聞でも読みたいときなどに「ねえねえ……」と話しかけられ、しかもそれがどうでもいい話だとしたら、それにきちんとつきあうことができるでしょうか。

多くの親御さんは「そんなくだらない話ばかりしてるんじゃないの！」と言ってしまうのではないでしょうか。なかには「いいかげんにして！」と怒りだしてしまう人もいるかもしれません。

気持ちはわからないでもありませんが、これはとてもマズイ反応です。くだらないことが大好きな子ども、冗談が好きな子どもは、常に「リアクション」を求めています。

自分の話をおもしろがってくれた、自分の冗談で笑ってくれたということは、男の子にとって大きな喜びです。ところが、せっかく自分がおもしろい話をしたのに、聞いてもらえなかったり、聞いたとしても上の空だったり、うるさがられたりしたら、どうでしょう。子どもの中に生まれるのは「僕の話は聞いてもらえない」という絶望感です。

誰でも、自分の話をきちんと聞いてくれ、反応してくれることで「わかり合えた」という満足感を得るものです。ところが「それは違うんじゃないの」と否定されたり、まったく聞く耳を持ってくれなかったりしたら、その人と話す気がなくなってしまいます。共感し合うことは、コミュニケーションの基本です。そして、コミュニケーションが良好にとれたとき、自分が受け入れられたという充足感を味わうのです。

これは、大人でも子どもでも、まったく同じです。たとえどんなにくだらない話でも、笑ってくれれば共感し合えた満足感を得られ、反応がなければ無視されたという悲しみが残ります。

さらに子どもが小さいほど、親の都合は目に入らないため、「忙しいからあとでね」と言われても理解できません。子どもにとっては「話したいときが聞いてほしいとき」なのです。いったい、親以外に誰がそれを聞いてくれるのでしょう。

子どもの冗談は本当にくだらないものが多く、しかも話し方の要領を得ないため、イライラしてしまうこともあるかもしれません。しかし、それでも子どものくだらない話をきちんと聞き、おもしろがることはとても大切です。

親が自分の話でウケてくれた喜びは、子どもの中に「もっと笑わせたい」「もっと話したい」という気持ちを芽生えさせます。それに我慢して聞いていると、ある日を境にだんだんうまくなっていくもの。つまり、いつしか「どうすればもっとウケるか」を考えるようになるのです。オチを際立たせるには、どうやって話を組み立てればいいか、だらだらと話すのではなく細部をはしょって簡潔にまとめたほうがよりおもしろくなるのではないかなど、子どもなりに工夫をするようになります。そう、「話芸に磨きをかける」ことにこだわるようになるのです。

「へえ？　よく知ってるわね」という反応が嬉《うれ》しくて、急に雑学ネタを集めるようになるかもしれません。話すときの身ぶりや手ぶりに凝るようになるかもしれません。話すときに声の強弱をつけるようになるかもしれません。これらすべての「もっとウケるための工夫」は、子どもの表現力を飛躍的に伸ばす原動力となってくれるのです。

反対に、子どもの話に対し、「くだらないことばかり言ってるんじゃないの！」「バカなこと言ってないで勉強しなさい！」と言い続けたら、どうでしょう。最初のうちは「この話ならウケるかもしれない」と手を替え品を替えしてネタを披露していた子どもも、親のうっとうしいと言わんばかりのリアクションが続くと「話すだけ無駄」と諦めるようになってしまいます。

この思いは、『受け入れてもらえない』「無視される」という虚無感につながり、ついには「僕は愛されていない」という自己否定にまで発展してしまう可能性もあります。こうなると、子どもはやがて親に対して完全に心を閉ざしてしまいます。

忙しくて子どもの冗談など聞くどころじゃない、というときもあるでしょう。でも、くだらない話は「あとでね」がききません。親が落ち着いてから、「さて、さっきの話はなんだったの？」と言われても、すでにくだらない話をして笑ってもらいたいという熱が、冷めてしまっているのです。

できることなら、子どもが「ねえねえ」と言ってきたら、「ん？　なになに？」と耳を傾けること。家事の手は止めなくてもいいのです。そして、おもしろい話には笑うこと。どんなにくだらない話でも耳を傾け、笑ったり感心したりという反応をきちんと示すことが、表現力豊かな子どもに育てる秘訣《ひけつ》なのですから。

Point 29 「ウソ」を正しく理解している子どもは、選択問題で迷わない

この世はウソで満ちあふれています。二〇二〇年、中国武漢で発生したとされる新型コロナウイルスの感染者が日本でも発見されはじめたとき、さまざまなデマが飛び交いました。曰《いわ》く、「コロナウイルスは二七度の熱湯で死滅する」。曰く「トイレットペーパーは中国から輸入しているからやがて市場から消える。早めに買いだめをしたほうがいい」。よく考えれば二七度はぬるま湯以下の温度ですし、少し調べればトイレットペーパーの原材料は国産だとわかったというのに、多くの人がこのネット発のデマ、つまりウソを信じてしまい、日本中がパニックに陥りました。

子どもが小さい頃、「ウソをついてはいけない」と繰り返し教えたはずです。「平気でウソをつくような大人になってほしくない」というのは、親の願いだからです。それでいて、世の中には「ついていいウソ」があることも、「方便としてウソを言うべきとき」があることも、大人は知っています。

たとえば、最近見るからに元気がなくなってきた人に「あなたには、人を元気にさせる何かがある」とウソをついて励ますのは、悪いことではありません。また、とても趣味がいいとは思えないブランドバッグを自慢されたときに「おしゃれね」と話を合わせることも必要です。これらの例は「真実・本音ではない」という理由から「ウソ」とするべきでしょうか？

私は「人間関係を円滑にするための方便」は不可欠なものであり、人を騙《だま》すのが目的の「ウソ」とは区別して、子どもに教えるべきだと考えます。このことで、子どもは「ウソ」にはさまざまな側面があることや、どんな場面にしろ、常に人が真実のみを口にしているわけではない、ということを学んでいきます。

「ウソ」があることを学べなかった子がどうなるか、考えてみましょう。

まず考えられるのは、「いとも簡単に騙されるような大人になる」ということ。振り込め詐欺やリフォーム詐欺などの犯罪だけではなく、「これをやれば必ず儲《もう》かる」「これを身につければ幸せになれる」「これを買えば悪い霊が去る」などなど、疑うことを知らない人を騙そうとするものであふれかえっているのが、現実の世の中と言えます。

こういう例を挙げると、決まって「そうよね、〝正直者がバカをみるのね〟」と言う人が現れますが、「疑うことを知らない人＝正直者」ではありません。

この「疑う」という言葉には非常に、ネガティブなイメージがありますが、はたしてそうでしょうか。目の前でどんなにおいしい話をされても、どんなに洗脳されるようなことを言われても「ちょっと待てよ」と立ち止まる冷静さ、話の矛盾点に気づく注意深さは、どんな時代であろうと不可欠です。これは、人と人とのつながりが希薄な都市に住む者であればあるほど、不可欠な素養です。

最近、高齢者を狙った詐欺事件がたびたび報道されます。若い世代ほど「高齢者は簡単に騙される」と対岸の火事のように思いがちですが、今や詐欺被害に遭うのは高齢者だけではありません。

有名な実業家のマネをした「一〇〇万円あげます」というネットでの呼びかけ、入手困難なものが簡単に購入できるサイト、「AIが支配する時代がもうすぐ来る」と教えてくれ、そんな時代を生き延びるための起業セミナーや情報商材への勧誘……。得する〝情報〟は、巷《ちまた》にあふれています。しかし、こうした情報のうち、本当に得になるものはゼロだと断言していいでしょう。「一〇〇万円あげます」の呼びかけに応じれば個人情報を抜き取られ、入手困難なものが簡単に手に入るサイトではクレジットカード番号を入れたとたんにサイトは消え、セミナーや情報商材は高額なばかりで有益な情報が得られることはまれ……。これが現実ですし、冷静に考えれば「そんなうまい話があるわけがない」と判断できるはず。

引っかかった人たちは被害者ですし、騙す側が悪いに決まっています。しかしそれでも、「なぜそんな話を簡単に信じたのか」と責められるのは避けられないでしょう。

すなわち、容易に騙される人とは正直者ではなく、冷静さや客観的判断力を持ちえない人、ということになります。

幼い子どもは、「冷静さ」も「客観的判断力」も、持ち合わせる術がありません。だからこそ、子どもの頃から「物事には裏や隠された真実があり、ウソはどうしようもなく存在するものだ」と、自然に学ばせる必要があるのです。

では、どうやって教えればいいのでしょうか――。

「ウソ」の学習に大いに役立つのが、実はコマーシャルです。子どもと一緒にテレビを見ていて、たとえば、やせた女性タレントがチョコレートを丸かじりするコマーシャルがあったら「本当にこんなに食べたら、この人はもっと太ってるはずだし、虫歯もいっぱいできてるはずよね」とか、一万円するエステのコースが今なら三〇〇〇円というコマーシャルがあったら「このあとで何万円もするコースを契約させられるのよね」とか、子どもの年齢に合わせて、さまざまな「ツッコミ」が入れられるはずです。

このように「世の中の裏側」や「ウソ」を見破る力が身につくことで、いつの間にかはぐくまれるのが「選択問題を解く力」です。言うまでもありませんが、選択問題とは、「どれもが正解のように見える」正誤入り交じった語群の中から、唯一の正解を選びだすものです。

まさに「ウソを見破る力」がなければ、出題者にコロッと騙されてしまいかねません。

たとえば、メロスが走った理由は、約束を守るためなのか、自分が助かるためなのか。文章を読むと同時に、裏の意味や隠れた真意をくみ取る力がなければ、正解を選べないでしょう。

「ウソをついてはいけない」を金科玉条のように唱えていては、騙されやすく、選択問題に弱い子どもになるだけ。ウソをつかないことの大切さだけではなく、ウソを見破る力の重要性を、ぜひ認識していただきたいと思います。

Point 30 「東大神話」は本当か？

「東大に入りさえすれば、世間に認められる勝者になって、人生観が変わる」

二〇〇五年、テレビドラマにもなり、大きな話題になった『ドラゴン桜』という漫画があったことを、覚えているでしょうか。落ちこぼれ生徒を東大に合格させるべくさまざまな勉強法を叩き込むというこの作品で繰り返し主張されるのが、冒頭に記したキーワードです。この作品の効果で東大の受験者数が増えたとさえ言われるほど影響力が高く、その結果「東大に入りさえすれば」という認識も広がっていったように思えます。

今さら言うまでもなく、東大は最難関であり、頭脳明晰《ずのうめいせき》な学生が集うトップの大学です。現に、官僚、政財界、法曹界、一流企業のトップに東大出身者の名前が並んでいるのは紛れもない事実。教育熱心でわが子に栄光に満ちた未来を送ってほしいと願っている親なら、こうした現実に注目するのは当然と言えます。その結果が、かつてヒットした『ドラゴン桜』よろしく、「日本は学歴がモノをいう社会なんだから、より高い学歴でなければ。そう、日本における最高学府、東大に入らなきゃ本当の勝ち組になれない！」という思いにつながるのかもしれません。

もちろん、世の中には勉強が大好きで、どんどん自分から学ぶ子や、過酷な受験勉強を顔色ひとつ変えず乗り切る子もいます。そしてまるで乾いた砂に水が染み込むように、勉強したことがスイスイと頭に入っていき、膨大な量の暗記も楽勝でこなし、さしたる苦もなく成績を上げていく子もいます。こうした子は、それが自然の流れであるかのように東大を目指し、そして入学していきます。

しかし、そうでない子はどうでしょう。どちらかというと勉強よりも遊びたいというタイプの子どもが東大を目指すことを強いられたら？　あるいは「東大京大とまでは言わないけれど、せめて早稲田慶應くらいには」という、親の高い目標を押し付けられたら？

これは譬《たと》え話ではなく、現実にある話です。実際、子どもの頃から遊ぶことを許されず、持てる時間の大半を勉強に費やしたという学生は、東大のみならず一流と呼ばれる大学には少なからず存在します。

再三繰り返しますが、本来子ども時代は好奇心や感受性を豊かにはぐくむ時期だと思っています。なぜなら、好奇心や感受性は新しいことを創造し、よりよい方法を選択し、進むべき道を判断し、恐れずに決断する力の源になるからです。

今や地球の裏側の国だとしても、インターネットで瞬時につながり、膨大な容量のデータをやりとりすることが可能な時代です。いつまでも「勉強さえできれば」「一流大学に入りさえすれば」という感覚は通用しません。旧態依然のシステムを維持することよりも、新しいシステムを構想・構築し、新しいビジョンを創造する力が求められているのです。

これは、机にかじりついて「東大（または一流大学）に入りさえすれば」という一念しか持つことができなかった学生には、持ち得ることは困難だと言えます。

子ども時代にたっぷり遊んだ経験、人間関係がもたらす苦渋、求めたものが得られなかった挫折など、さまざまな実体験は、たとえ何歳であっても人間に深みを与えます。さらに、たくさんの経験があるほど「引き出し」が増え、ささいなヒントが大きな発想に結びつく飛躍力につながるのではないでしょうか。

まるで日替わりであるかのように、価値観がめまぐるしく変わる時代、必要とされるのは高学歴だけしか自慢するところがない頭の固い人間ではありません。既成概念を壊し、新しい価値観を構築することができる、創造力の豊かな人材です。親の古臭い価値観を押し付けられ、詰め込み勉強を強いられて柔軟な発想力と気力を失った若者は、いつ「不要」の烙印《らくいん》を押し付けられるか、わかりません。もしかするとそれは、親世代が考えるよりずっと早いかもしれないのです。

ここで誤解していただきたくないのは、「東大を目指すなんて意味がない」と言いたいわけではない、ということ。柔軟な発想力とタフな気力、それに高い学力を持ち合わせた若者を数多く輩出できるなら、それは日本の未来にとって鬼に金棒以上の威力があることは、間違いありません。

そうした若者に育て上げるためにはどうすればいいか。とくに男の子は遊ばせてたくさんの経験を積ませることだと断言します。学力が高く、もしかしたら東大も夢じゃないという子どもなら、なおさらです。もし、あなたの息子のアタマがよく、テストをすれば九〇点以上を楽勝で取ってくるようなら、「上を目指してもっと勉強させよう」と思ってはいけません。「受験対策をしっかりしてくれる塾に通わせましょう」と考える必要もないでしょう。もし、わが子が一流大学を狙えるようだと思ったら、よく遊ばせ、いろいろなところに連れていき、さまざまな体験をさせてほしいのです。そういう子どもは勉強が必要になったと自分が判断したときに、自分のやり方で猛然と始める確率は極めて高いのだと、長年多くの男の子たちを指導してきた経験からお伝えいたします。

また、「どうやらわが子は勉強が苦手のようだ」としても、「苦手だからこそ勉強させなくては」と思うのは逆効果だと断言します。そうした男の子も、思いきり遊ばせ、多くのことを体験させてください。近所で〝悪ガキ〟と評されていても、成長して勉強が必要だと思ったときに猛勉強を始め、いい大学に入る子は必ずいます。もし、高学歴を得ることができなかったとしても、たくさん遊び、多くのことを経験した子は「ぜひ一緒に働きたい」と思わせるような人間的魅力にあふれた人材になるに違いありません。

Point 31

男の子にとって「人生の意味」とは何か

誰しも「子どもには幸せになってほしい」と願っています。子どもの幸せを考えたことのない親など、皆無でしょう。

では、ここで質問です。あなたは子どもにどんな大人になってほしいと願っていますか？

受験生を抱えた親御さんなら、「とにかくいい学校に入ってもらわないと。それから先のことはあとで考えればいいわ」と答えるかもしれませんね。でも「どんな大人になってほしいか」は、本当に「あとで考えればいい」ことなのでしょうか？ 本当に「今はいい学校に入ることだけ考えればいい」のでしょうか？

私は「子どもがどんな人間に成長してほしいか」「子どもにとって幸せな人生とは何か」という問題について考えることは、決して先送りにするべきではないと考えます。

この本で繰り返し述べてきましたが、男の子にとって大切なこととは、カラダを使って仲間と群れて遊び、オモロイことを発見し、もっとこうすればオモロくなるのではないかと工夫して、さらにオモロイことをつくりだし、それらの実体験をカラダのすみずみにまで染み込ませることです。

そう、男の子は背中に経験を集めるカゴを背負って生まれてきている、と思ってください。友達と公園で泥だらけになって遊んだこと、キャンプで火を熾《おこ》して焚き火をしたこと、見上げた夕空の美しさ……などなど、今までの体験のすべてがカゴに入っており、それが勉強を始めたとき、「化学記号の暗記法を駅の名前を覚えたときのやり方に当てはめてみよう」「あのとき泣かせてしまった友達の気持ちと、この例文の気持ちは同じだ」など、次々とカゴから取りだして当てはめることができる。これが男の子特有の能力であり、私が再三「男の子は多種多様な体験を積むことが重要」と申し上げるのは、このためです。

また、他人を思いやる心や、人に認められ、人に喜ばれることに誇りを感じる心は、友達とぶつかり合ったり、楽しい時間を共有した体験なくしてははぐくまれません。もちろん、初対面の人とでも会話ができる社交性も、です。

それなのに、充分な実体験を積むことなしに、退屈な暗記ばかりしていると、男の子にとって重要な好奇心や新しいモノを作りだす能力、うまく人間関係を構築する能力が失われてしまいます。

「大人になってからのことは、志望校に合格してからゆっくり考えればいい」と多くの親御さんはおっしゃいます。しかし、豊かな経験を積むはずの子ども時代を犠牲にして勉強に明け暮れた結果、創造力もなければ社交性のかけらもない、社会の役にも立たず、適応もできない人間をつくってしまうのです。

幸せな人生とは、多くの人と触れ合いながら楽しみを共有する一方で、自分自身を楽しませる時間を持つことではないでしょうか。

そして、これを実現するのが、趣味です。前にも述べましたが、ゲームに没頭したり、スマホで次々動画を見ているような「受け身」一方の趣味では意味がありません。できることなら、音楽・絵画などの芸術、登山や釣り、自分がやるスポーツなどの趣味を持ってほしい、そして趣味はできるだけ多いほうがいい、と私は考えます。黙々と絵を描いたり、模型を作るというようなひとりで楽しむ趣味を持つ一方で、ジョギングしたりサッカーをしたりなど、仲間とカラダを動かす趣味を持つ、というのはまさに理想的です。

趣味の本質は、自分自身の世界を広げてくれるだけでなく、趣味を通じて多くの仲間と出会い、利害関係のない他業種の仲間を通して、さらに見識を深めるチャンスが広がることにあります。

ところで、趣味は「見つけなさい」と言われて見つけられるものではありません。ましてや、長年かけて退屈な漢字やら英単語やらをやみくもに暗記ばかりさせられ続け、それでめでたく志望校に合格できたからといって、突然「受験が終わったんだから、好きなことやっていいわよ。これからは趣味のひとつでも持たないとね」と言われても、どうすることもできないでしょう。

小さな頃から好奇心の赴くままにいろいろなことをして、背中のカゴいっぱいに楽しかった思い出や経験を詰め込んだ子なら、余暇時間のあるときに「やっと好きなことができる時間ができた。さて、何をしようか」と、さまざまなものを取りだせます。でも、背中のカゴを覗《のぞ》いても、そこにあるのは方程式と四文字熟語だとしたら、まさに「何をしていいのかわからない」という状態になるだけです。

それなら大学で勉強に打ち込めばいいかというと、こうした詰め込み教育の犠牲者たちは、確かに知識は豊富ですが、それが好奇心に基づいて得たものではないため、何を研究したらいいのかわからなくなってしまう、と言います。こうしてでき上がるのは「指示されたことは完璧にできるが、自分で創りだすことができないため、指示以上の成果を上げることができない。それなのに学力がなまじあるために、それを獲得できない者に対するプライドばかりはやたらと高い」という人間です。

そのような人材は、ＡＩがあれば不要です。そして、その日は、さほど遠くなさそうです。だからこそ、趣味を持つことが大切なのです。

そもそも、子どもに趣味を持たせるのは、そう真剣に悩むべきことではありません。話は簡単、親自身が趣味を持てばいいのです。お父さんならスポーツの趣味を持って、子どもを巻き込んでもらいたいものですが、スポーツが苦手なら読書でも美術館巡りでも手芸でも盆栽でも、なんでもいい。生き生きと趣味を楽しむことは、人生そのものを楽しむことにほかなりません。その姿を見せることで、必ず「僕も何か楽しめることを見つけたい」という思いを子どもの心に芽生えさせるはずです。

お母さんも同じです。自分が楽しめる趣味を持てばいいだけのこと。趣味に興じて生き生きとしているお母さんを見て、男の子は「趣味を持つことのよさ」がわかるようになるでしょう。

Chapter 03

第三章

はぐくむ

Point 32

詰め込み学習は、健全な好奇心を奪い去る

この本を読んでくださっているみなさんは、きっとわが子によりよい人生を送ってほしい、できるなら勉強ができて、いい学校にも入ってほしい、と願っていると思います。

その一方で「勉強なんかできなくてもいいから、自分にピッタリの大好きなことを見つけて一生続けられればそれで幸せ」と考える方もいらっしゃるでしょう。

私は「本格的な勉強は一四歳からでいい」「男の子は勉強よりも遊ぶことが大切」と再三述べてきましたが、何も「勉強ができるようになること」や「受験に成功し、いい学校に入学すること」を否定するわけではありません。もちろん、大好きなことを見つけ、それに打ち込むのは豊かな人生を送るために不可欠です。だからといって、勉強はそっちのけで好きなことだけをしているというのでは、やはり困ったことになってしまいます。

サッカーが大好きな男の子すべてが南野拓実選手や久保建英選手になれるわけでもないし、野球少年のすべてが大谷翔平選手になれるわけでもなく、アニメ好きの

すべてが宮崎駿監督になれるわけでもありません。

「好きなことだけを一生続け、好きなことで食べていく」には、とてつもない努力と才能が必要です。さらに、一般社会の競争よりも過酷なサバイバルレースを勝ち抜かなければなりません。

もし、あなたのお子さんが類いまれなる才能の持ち主で、しかも子どもの技術向上を完璧にバックアップできるだけの経済力があなたにあるなら、お子さんを「勉強はしなくていい。自分の道を突き進め」と導くのもいいでしょう。

そうでない場合は、やはり大好きなことは一生の趣味として持ち、成人したとき社会に貢献できる生き方ができるような「アタマのよさ」を身につけることが重要です。

ここで私が言う「アタマがいい」人とは、何か問題が起きたとき、素早く対処法を思いつけるひらめきや柔軟な発想力、豊かな造詣の深さに裏づけされた教養……これらを持つ人であり、決していい成績を取ることではありません。子どもの教育は本来、「アタマをよくすること」を目的とすべきであり、テストでいい点数を取ることを目的にすべきではありません。

そうは言っても、いざ受験となると「とにかく合格点を取ること」にすべての神経が向かいます。当たり前です。受験とはギリギリでもいいから合格点を取り、入学を果たすのが目標だからです。ただ、そのための方法に問題があると言わなければなりません。

受験に必要な学習は、何より暗記だ、と考えている親や教師は少なくありません。とくに母親なら、なおさらでしょう。確かに受験のために覚えなければならない漢字、単語、数式の量は膨大で、とにかく脳に叩《たた》き込むことが不可欠だと思いがちです。

そのため、チラシの裏に何十回と漢字を書いたり、数式や年号を丸暗記したりと、まさに「詰め込めるだけアタマに詰め込む」勉強が最良の方法だと信じ込んでしまいます。でも、そんな勉強を続けていては、心身ともにヘトヘトになってしまうだけだと断言できます。

人間の成長に不可欠な要素は、旺盛な好奇心と、豊かな心情です。好奇心がなければ人は新しいことを吸収できず、心情が薄ければ人と触れ合い、つきあうこともできなければ、芸術を楽しむ心のゆとりも生まれません。とくに男の子が本質的に力を発揮できる科学や技術系など「新しいモノを生みだす分野」は、好奇心がなければ成立さえしません。

好奇心は、自然と触れ合ったり、友達と群れて遊ぶなどの外的刺激を受けたりすることで活性化し、さらにかき立てられていくもの。何か未知の事柄に触れたとき、どん欲に探求していく原動力になってくれるのが、好奇心です。

ところが、外界の刺激をすべてシャットアウトし、暗記のみに集中する詰め込み学習では、好奇心が生まれるはずがありません。むしろ、詰め込み学習に不要なのが、好奇心なのです。たとえば三〇個の漢字を丸暗記しなければならないときに、「なぜ日へんに音で〝暗〟なんだろう?」などと考えていたら、三〇個どころか五個だって覚えることができません。

小さな頃から黙々と詰め込み学習で、ひたすら耐える勉強を続けてきた子どもと、勉強の中から「なぜ」を発見することで「おもしろさ」を見いだすことができる子どもの、どちらがアタマがよくなるか。言うまでもなく、後者の好奇心に満ちあふれた子どもです。

好奇心は、日々の勉強の中から育つものではありません。友達と遊び、遊びの中でたくさんの「なぜ」を見つけ、「なぜ」を追求することでより大きな「おもしろさ」

を獲得した経験が多い子ほど、勉強の中でも「なぜ」を見つけやすくなるのです。

受験を生き抜くためには、知識量がモノを言います。これは事実です。だからといって、小さなうちから詰め込み学習をするべきではありません。それよりも、たくさん遊んで、好奇心が刺激される経験をたくさん積んでおくことです。それが、短時間で学習効果が上がる下地をつくってくれるのです。

ちなみに、余談ですが、「なぜ日へんに音で〝暗〟なんだろう？」というと、漢字の成り立ちを調べればわかります。そもそも音には「隠れる」という意味があり、「日が隠れる」から「暗い」という意味を持つようになったのです。

こうした知識は丸暗記よりもアタマにしっかりと定着するのだということも、申し添えておきましょう。

Point 33

無目的な勉強に打ち込める男は、権威主義者になる

「勉強には必ず目的が必要です」

こう言うと、みなさんが「そうそう、いい学校に合格するという目的を持つこと

が大事なのよねー」と、大きくうなずく姿が目に浮かびます。

いい学校に入るのを目的にすること自体は否定しませんが、では、なぜいい学校なのか、志望校があるなら、なぜその志望校なのか、目的はあるのでしょうか。「ロボット工学を究めたい」「宇宙事業に貢献したい」など、明確な目的があり、目的を達成するのに適した大学を目指して勉強するなら、大いに結構。そうではなく、「東大に入れば道が開ける」「いい学校に入ればいい企業に就職できる」などの夢物語は、はたして目的と言えるのでしょうか。

現在、理数系の優秀な生徒の多くが、医学部を目指し、工学部に目を向けないことが問題になっています。

医学部とは本来、医者を目指す学生が集まるべきところです。「病気に苦しむ人を救いたい」という、崇高な志を持った学生が学ぶための場所だったはずです。

ところが、その構図は崩れ、医学部は単なる「理数系学生の最高峰」になってしまったのです。「別に医学に興味があるわけでもない」「そもそも生物の授業もおもしろみを感じていなかった」という学生が、医学部は理数系のトップだから、という理由だけで医学部に入学してしまい、医師免許を取り、医者として世の中に出てきてしまう……。これは実体験が少なく、ほとんど世間にもまれていない人材が、学校の成績が優秀であるというだけで裁判官になるのにも似ています。

どうです、まるで近未来ホラー映画のようだと思いませんか？　この現状こそ、まさしく「目的を見失った勉強に邁進《まいしん》する子どもの成れの果て」と言えるのではないでしょうか。

より上位ランクの学校へ入学することを目指して日夜勉強に励むのは、決して楽しいものではありません。睡眠時間を削り、見たいテレビ番組を我慢し、友達と遊びたい気持ちを抑え、わからない問題があっても必死に取り組む……。この苦行に耐え抜く原動力となるのは、それぞれの子どもが持つ夢であるはずです。

「あの学校に行って、思う存分、化学の実験をやりたい」という感心な目的を持つ子もいるだろうし、「渋谷にあるあの学校に入り、流行に敏感でいたい」という親が目くじらを立てそうな目的を持つ子もいます。しかし、たとえ不純な動機であろうと明確な目的を持って勉強する子は健全ですし、勉強への熱意もわいてきます。

逆に言えば、明確な目的もなく、すべての楽しみを我慢して勉強に打ち込むなど、まともな感性を持つ子どもなら、耐えられるはずがありません。

なかには、本人の中からわき上がってくる明確な目的もないのに、親に「とにかくいい学校に入れ！　遊ぶのはそれからだ！」と言われるがままに、猛勉強させられる子どももいます。いくら叱っても机に向かおうとしない子どもを持つ親御さんにしてみれば、実に羨《うらや》ましい存在でしょう。彼らは友達が公園で転げ回って遊んでいるのを横目に幼児教室に通い、海だプールだとみんなが真っ黒に日焼けしているときに夏季講習に通い、ほんの四、五日の旅行で息抜きをして、「なんのために勉強しているんだろう」と考えることなく塾に通います。彼らにとって猛勉強の目的は「いい学校に入ること」。究極は「難関大学に入ること」「医者や弁護士になること」なのです。

このすべてを犠牲にした努力の結果、みごと東大合格を果たしたとして、彼らはどんな人間になるか。

彼らの多くは「オレは東大出身者だからすごい」という鼻持ちならない人間になってしまいます。もし、官僚にでもなろうものなら、「オレは東大卒の官僚だから、オマエたちのような低レベルの人間には理解できない存在だ」という、ガチガチの権威主義者となってしまう可能性もなきにしもあらずです。

無理もありません。彼には勉強のほかに秀でるものはなく、趣味もなく、美しいものを愛《め》でる芸術的感性もなく、唯一誇れることが「学歴」なのですから。

今現在、世の中を見渡してみると、このような頭脳優秀な権威主義者は数多くいます。「とにかくオレは偉いんだ。難関大を出ているんだ。下々のヤツらの言い分など聞く必要もない」という人間は、社会にとって害毒だとさえ言えます。

さて、ここでお母さんたちに質問です。あなたはこのような権威主義者の夫を持ちたいと思いますか？

「いいじゃない、いい暮らしさせてもらえそうだし、私は私で楽しめばいいんだから」という計算の上手な方もおられるかもしれません。でも、息子さんがそうした打算的な女性としか結婚できないとしたら？　それで息子さんは、幸せになれると思いますか？　私は彼の人生、とくに現役を退いて以降の人生が豊かで幸せなものになるとは、到底思えません。

「とにかく合格することが大切なの！」という意見は、ごもっともです。でも、なぜ勉強するのか、なんのために勉強するのかという目的を見失ってはなりません。

愛する息子を鼻持ちならない権威主義者にしないためにも、「これがやりたいから、あの学校に入りたい！」という目的をしっかり持たせて勉強させるべきです。これはお子さんひとりの問題ではなく、これからの社会全体の問題だと言えるでしょう。

Point 34 男の子は「オモロイこと」を見つける天才だ

女性が男性より一歩も二歩も引いた存在だというのは、今や完全に過去の話。勉強でもリーダーシップでも、男性よりも能力のある女性がどんどん現れています。私は国会議員の半数を女性が占めるのも、女性の総理大臣が登場するのも、時間の問題だと考えています。優秀な女性が増えているという傾向は、若い世代にも見られます。公立中学などでは、成績上位者は女子で占められているのが現状です。

これに伴い、女の子たちの理想の結婚相手像も変わりつつあります。昔は「経済力がある男」を理想の結婚相手に挙げる女性が多くいましたが、今の中高生の女の子にとって、理想の結婚相手は「料理上手なイクメン」。つまり、バリバリ仕事をし、一家の大黒柱にもなれる能力を持った女の子にとっては、自分の道を邪魔せず、家庭をサポートしてくれる男の子こそが、理想なのです。

そんなパワフルな女の子たちにとって、勉強ばかりして自分の身のまわりのことは母親に任せきりという男の子は「マザコン！」のひと言で切って捨てるだけ。成績優秀・将来有望が取り柄なだけの男の子にとって、まさに受難の時代と言えるでしょう。

しかし、そんな現代の女の子でも、男の子にかなわないことがひとつあります。それは、「オモロイこと」を見つける力です。

女性は決められたことをきちっとこなしていく能力に優れていますが、男性はとかく決められた道から外れたがる習性があります。これには、男性のほうが好奇心が強いうえに、結果を考えずにとりあえず行動してしまうという、ある意味、無軌道な性質が大きく関わっているのです。

たとえば、小学校の授業で花壇を作ることになったとき、女の子ならきちんとワクを作り、きれいに色分けして整然と球根を植えていくことでしょう。球根と球根の間もきちんと空けて、花がゆったりと咲けるように工夫するのが女の子です。

ところが、男の子は「ここに池を作ったらどうだ？」「花壇の真ん中に山を作って、そこに花を植えたらどうだ？」などと、暴走を始めるのです。球根同士の間隔を狭くして、ぎっしり花を咲かせることなど、花の立場も考えずに平気でやってしまうのが男の子。これは、元気よく花を咲かせ、きちんと花壇を作るという目的から考えれば、余計なことです。でも、余計なこと・くだらないことをやってみるのが男の子というもの。

その結果、無残に花が枯れてしまうかもしれません。でも、みごとに花が咲いたときには、見たこともないようなおもしろい花壇が完成します。これは「きちんとした花壇を確実に作る」女の子には、成し遂げられない仕業と言えないでしょうか。

この男の子の「オモロイことをする力」がいかんなく発揮されるのが、意外にも「料理」なのです。女の子がきっちりと基本にのっとったおいしい料理を作るなら、男の料理は大胆かつ適当。たとえば「おでんにカレー粉を加えたらどうなる？」と突然おかしなことを始め、まったく新しいメニューを開発してしまいがちなのが男です。もちろん、失敗することもあります。しかし、女の子が『そんなことしたら、おでんにならないわよ」と基本に忠実であろうとするのに対し、「やってみなけりゃわからないじゃん」と、後先考えずにやってしまうのが男の子。

このように何かをしていると、次々と「こうしたらどうだ？」と、ひらめいたと同時に実行するのが男の子です。そのひらめきの原動力こそが「こんなことしたら、きっとオモロイに違いない！」という衝動です。

「オモロイこと・くだらないこと」をあえてやる発想力と行動力は、成長してから大発見をしたり、発明をモノにしたり、新事業を思いつくような創造力のもとになってくれる大事な力です。男ならではのダイナミズムに欠かせない大切な力です。研究の場でも、一般企業でも求められるのは、ダイナミックな発想と創造力、そして実行に移す行動力を持つ人材だということを考えれば、男の子の「オモロイことを生みだす力」がどれほど重要か、よくおわかりでしょう。

この力は、男の子なら誰でも本来、生まれつき持っているはず。ところが、その芽を摘んでしまいがちなのが、ほかでもないお母さん方なのです。たとえば、子どもがひとりで遊んでいるのを見たとき、本来の遊び方と違うやり方をしていることがありませんか？　そんなとき、お母さんはつい「そうじゃないの、こうやるのよ」と手を出してしまいがちです。せっかく子どもが独自の遊びを開発しているのに、これでは水を差すだけ。

しかも「決められた通りにやらなければダメじゃない」と子どもを型にはめ込んでしまい、独創性を伸ばすチャンスを失わせてしまいます。こういう対処は、男の美点をわざわざ失わせる行為だと思ってください。

男の子が何かを始めたとき、横道にそれてくだらないことを始めたとしても、「何やってんの！　くだらないことしてないで、さっさとやりなさい！」と否定しないでください。「へえー、そんなことやってるの？　おもしろいわね！」と反応してあげてください。母親が反応し、喜ぶことで、子どもはもっとオモロイことをしよう、と思うようになります。

「オモロイことを思いつき・実行する力」を育てるのは、母親次第です。どうか、お子さんがおかしなことをしていても、興味深く見守るように心がけてください。なぜなら、創造力とは余計なことをする力なのですから。

Point 35

習い事が多すぎると、無責任な人間になる

突然ですが、あなたが初めてスケジュール帳を使い始めたのは、何歳からでした

か？　おそらく早い人で一〇代前半、遅い人で社会人になってからといったところだと思います。それ以前は、友達との約束をカレンダーに書くぐらいで、スケジュール管理という概念を持たなかった人が多いのではないでしょうか。

ところが今は、小学生の子どもでさえスケジュール管理が不可欠なほどの「やるべきこと」を抱えています。一日の大半を学校で過ごしたあとには、曜日ごとに習い事や塾などのスケジュールが入っているのです。何も予定がない日のほうが少ないという子は、少しも珍しくありません。しかも、学校の宿題に塾の予習復習、習い事の練習などなど、家に帰ってからもやることが多く、毎日分刻みのスケジュールをこなしている子どもも少なくないと聞きます。

もし友達と遊ぼうと思ったら、スケジュールアプリで空いている曜日と時間をチェックし、何曜日の何時から何時と予定を入れなければならない……冗談ではなく、こんな子どもが多いのです。

いくら予定が詰まっていたとしても、まだ子どもですから、きっちりスケジュール管理ができるわけではありません。ついうっかり忘れてしまうこともあるでしょう。そこで登場するのが、親御さんです。

多忙な子どもを抱えた親は、すべてのスケジュールが円滑にこなせるよう導かなければならない、と考えてしまう方が多いようです。すなわち、日々「宿題はやったの？」「塾の準備はできている？」「ピアノの練習は？」といった具合にぼんやりしている子どもをせき立てることが親の役目である、と……。

いくら予定が詰まっていても、どんなにやるべきことが多くても、子どもの処理能力には限界があります。限られた時間内にすべてをテキパキとこなし、しかも完璧に終わらせることができる子どもなど、まずいないと言っていいのです。

たとえば、塾に行く時間が迫っているのに出かける準備が整っていない、模試のための勉強をしなければならないのに宿題が終わっていない、明日の時間割を揃《そろ》えていないのに宿題が残っている……など、子どもながらに「ああ、カラダがふたつあれば！」と嘆きたくなるような事態は、もはや当たり前のことになっています。

そんなとき、親はつい「宿題はもういいから、とにかく塾に行きなさい」とか、「ピアノの練習はそこまででいいから、お風呂に入っちゃいなさい」などと言いがちです。あるいは、親御さんがスケジュール管理をするあまり、時間を厳密に区切って「はい、宿題はもう終わりね。今度は明日の塾の予習の時間よ」と命じてしまうケースさえあるようです。

子どもだって、その日によって調子のよい悪いがあります。いつもならスムーズにこなせることが、時間通りに進まないときがあっても当然です。でも、「宿題はそこまででいいわ」と強引に区切ってしまうのは、何を意味するでしょうか？

それは「中途半端を強要する行為」にほかなりません。そう、あれもこれもすべてやろうと思ったら、往々にして中途半端にしかならないのです。このことを、親はもっと自覚すべきです。

こんなことが続くと、子どもの中に「とりあえず手をつけておけばいいんだ。できなかったら途中で終わらせても構わない。とにかく、すべてに手をつけるだけつければいいんだ」という間違った考えを植えつけることになってしまいます。

これが高じると、どうなるでしょう。何事も完成させることができず、途中で放り投げてもいい、「やった」という事実があれば途中で終わらせてもいい、という甘い考えを持つ人間になってしまいます。これでは、「一度やり始めたことは、きっちり最後まで仕上げる」という責任感が育つとは、とても思えません。

世の中には「まあ、こんなもんでいいだろう」という甘い考え方をする大人が多くいるのも事実です。これは、「最後までやり遂げる力と責任感」がない証拠。このような人は常にたくさんのやるべきことを抱えているので、一見、有能そうに見えます。ところが、その実態はすべて中途半端で終わらせ、それでよしとするようないいかげんな人間です。

このような人間は、なんでも安請け合いしがちです。「大丈夫、できますよ」と自信マンマンに引き受けたものの、仕上がったものを見れば明らかに手抜き。いいかげんな仕事をしているのです。こんな人間が、人から信頼されると思いますか？ 私は、こんな人と一緒に仕事をするのはまっぴらゴメンです。

あなたは、自分の子どもに無責任でいいかげんな人間になってほしいと思いますか？ そんなはずはありませんよね。

一度始めたことは、どんなに地道な作業であろうと、淡々と続ける――この力こそ、大きな仕事を成し遂げ、人生の成功者に導く原動力です。その力は、子どものうちにはぐくまれるものだということを、忘れてはいけません。

そのためには、子どもの処理能力を超えたノルマを課すべきではありません。「きょうはテストの見直しをする」と決めたら、それを最後までやらせること。でも、思いのほか早く終わっても、「じゃあ次は……」と追加するのはもってのほかです。「頑張ったね！」と大いに褒め、追加でやらせたかったことは翌日に持ち越し、自由時間を与えてください。

せっかちな親御さんにとって、遠回りに思えるかもしれませんが、責任感のある人間へと子どもを育てるには、これが最良の道なのです。

Point 36

少子高齢化社会、他者愛の習慣が生きる意味を与える

赤い羽根共同募金、あしなが学生募金、社会鍋……など、街角で見かける数多くの募金活動だけでなく、レジ横にも募金箱が置かれるなど、昔よりも募金箱の存在はずいぶんと身近なものになりました。それにつれて、どこにも寄付などしないのに募金箱を持って人々の善意をかすめ取ろうとする詐欺集団が跋扈《ばっこ》したり、募金と見せかけた宗教団体の資金集めだったりと、今は残念ながら油断のならない時代です。

しかし、昔も今も、募金箱が子どもに「見落としてしまいがちだけれど、社会の

中で恵まれない人がいる」「困っている人たちに、少しでもいいから救いの手を差し伸べることの大切さ」を教えるよい機会になっているのは確かです。

現在、私たちの暮らしの中で最も身近な募金箱といえば、コンビニのレジ横にある透明プラスチックの募金箱でしょう。あの募金箱を見ると、一円玉や一〇円玉などの硬貨がほとんどで、買い物をしたあとにおつりとして受け取った小銭を入れる人が多いことがよくわかります。たまにですが、一〇〇〇円札や五〇〇〇円札などの紙幣が入っている募金箱を見かけることもあります。

さて、そこで質問です。子どもと一緒にコンビニに行き、紙幣入りの募金箱を見たとき、あなたはどんな反応をしますか？

なんの反応もしないなら、それで構いません。ところが、何かの拍子に「うわ、もったいない」とか、「こんなとこに入れるくらいなら、こっちが欲しいわ」などという反応はしていないでしょうね？　あるいは、子どもが「僕も募金したい！」と言いだしたのに、「そんなことしなくていいの！」などと、頭から全否定するようなことを言ってはいないでしょうね？

人生を豊かにしてくれるものには、ふたつの種類があると私は考えます。ひとつは「なにげない日常の中でも美しいものに気づく心」、そしてもうひとつが「見知らぬ人の境遇に思いをはせ、わずかでも力を貸そうとする思いやり」です。

「美しいものに気づく心」については先に述べましたので、ここでは説明は省きましょう。もうひとつの「見知らぬ人に対する思いやり」は、最近忘れられがちのような気がしてなりませんが、これは子どもだけではなく、親にとっても豊かな人生を約束してくれるものだと言えます。

子どもに上位ランクの学校を目指させたいと願っている、あるいはよりよく子どもを育てたいと考えてこの本を読んでいる方は、間違いなく恵まれている人だと思われます。

世界には、子どもに勉強させるより働かせなければならないような貧しい国もありますし、たった一本のワクチンが打てないために幼くして命を落とす子どもたちもたくさんいます。戦争やテロ、天変地異に巻き込まれて住むところを失い、明日をも知れぬ生活を送っている人たちの数は、気が遠くなるほど膨大です。

そんな恵まれない人たちに思いをはせ、少しでもいいから力を貸したいと思う……私は、すべての子どもたちにそんな「優しい」心を持ってほしいと願うものです。

「いい人なんだけどね……」「いい人なだけじゃ世の中渡っていけない」などなど、「いい人」という言葉は、マイナスイメージで語られることも多いようです。確かに、競争原理で動いている社会は、ただ「いい人」だけでは渡っていけないかもしれません。でも、人は損得勘定だけで動くものではないというのも、真実です。

たとえば、一流大学を出て、一流企業に入り、ライバルをすべて蹴落として、常に要領よく世渡りしてきた人がいたとします。まわりの人はみな、「この人についていれば得」と考え、ついていくことでしょう。しかし、ひとたび失脚したり、そうでなくても仕事の第一線から離れたら……どうでしょう。まるで潮が引くように人がいなくなってしまうのではないでしょうか。「会社を辞めたとたん、年賀状が来なくなった」という話を聞きますが、これなどはその典型です。

「いい人」として周囲から受け入れられている人なら、万一困った事態に陥ってもまわりが必ず救いの手を差し伸べてくれるでしょうし、利害関係が一切なくなっても、同じようにつきあってくれる友達がいるはず。そう、「いい人」は人を引き寄せるし、見捨てられないのです。

そんな「いい人」の芽をはぐくむための、最も身近でよい機会になるのが、「困っている人たちに対する募金」なのです。

「募金するといっても、怪しい団体にお金が流れてしまうかもしれないし」と心配されるなら、数千円で難民や途上国で苦しんでいる子どもの里親になれる国際的なボランティア団体に寄付することをおすすめします。

たとえば、子どもがお年玉でゲームソフトを買う代わりに、その金額を寄付してみるのです。すると、そのお金で、生活のために働かざるを得なかった子どもを学校に通わせることができたり、多くの子どもたちにワクチンが打てて、命を助けたりすることができます。弱者に対する思いやりの心を、実践を通して学ぶのは、これからの子どもたちにとって欠かせないものだと言えます。

弱者なんて関係ない、と心のどこかで思っている方もいるかもしれません。でも、考えてみてください。あなたも必ず歳《とし》を取ります。いつかは介護が必要な存在になるのです。その可能性は、決して小さくありません。そう、あなたがいつの日か、弱者になったとき、子どもが「弱者なんて関係ない」という考えの大人になっていたとしたら……。

「子どもが思いやりの心を持つことは、親にとって豊かな人生を約束してくれる」

と申し上げた理由、おわかりいただけたでしょうか。

Point 37 子どもを新興宗教やオカルトから守れるのは、親の倫理観だけ

「超能力で犯罪捜査」というテレビ番組があると聞きます。ひと頃、超能力者や霊能者、UFOなどのオカルト番組が数多くありましたが、まだオカルトの人気は衰え知らず、といったところなのでしょうか。若い世代に及ぼす影響を考えると、少々頭の痛い現象です。

世の中には、科学では解明できない不思議な現象や、不思議な能力がある……。この考えは、若い世代を惹《ひ》きつけてやみません。その端的な例が、オウム真理教だと言えるのではないでしょうか。

一九九五年、オウム真理教が引き起こした地下鉄サリン事件など凶悪事件の数々は、日本の犯罪史上において類を見ないものでした。「無知な市民は死んでも構わない」とでも言いたげな身勝手で独善的な動機もさることながら、特筆すべきなのは、犯罪に関わった幹部信者の多くが一流大学出身者という華々しい高学歴の持ち

主だったことです。

逮捕された男性信者の出身校を見ると、灘《なだ》高から東大医学部というエリートから、京都大学法学部、大阪大学理学部、慶應《けいおう》義塾大学医学部、早稲田大学理工学部などなど。そんな羨ましいほどの高学歴の男たちが、あれほどの罪を犯してしまったという現実には、慄然とさせられるものがあります。

幼い頃から優秀で、受験エリートだった彼らは、当然、高い知性を持っていたはずです。それなのに、なぜあのような犯罪に手を染めてしまったのか、あのようなカルト宗教にはまってしまったのか、そしてオカルトを信じてしまったのか。それはまさしく、私たち大人に突きつけられた問題と言えるでしょう。

私は、狂信的な新興宗教やオカルトにはまる人々は、「倫理観」を持ちえなかったのではないかと考えています。彼らは、実際の生活で得る「倫理観」が、絵空事の理想に負けてしまった人たちです。そして、子どもが「倫理観」を持てるか否かは、親の倫理観・価値観にかかっていると言っても過言ではないでしょう。

ところで、あなたは「倫理観」について、明確な答えを持っているでしょうか？

「倫理観」という言葉から、宗教的なものを感じて抵抗感を持つ人もいるかもしれません。しかし、私は、人が生きていくうえで「倫理観」は不可欠なものだと思っています。

では、どのようにして「倫理観」を得ればよいのか——。

その答えのカギは、やはり宗教にあります。かといって、「人はみな、特定の信仰を持つべき」と申し上げるつもりはありません。世界中には数多くの宗教があり、それぞれには優れた教えがあります。その「いいとこどり」をするだけでもいいのではないか、というのが私の考えです。

たとえば、世界の代表的な宗教には「キリスト教」「イスラム教」「仏教」「儒教」などがあります。これらの宗教の主な教えをご存じでしょうか？

キリスト教のメインの教えは「隣人愛」——読んで字のごとく、隣人、すなわち血がつながっていなくとも、身近な人に対しても愛を持って行動しなさい、ということです。

イスラム教では「喜捨」——自分の大切なものをまわりに分け与える心の大切さを説いています。

仏教では他人に対して慈しみを持つことの大切さを説いた「慈悲」、儒教ではまわりの人への誠意を説いた「仁愛」が、教えの中核を担っています。

ごく簡単ではありますが、四つの宗教の教えを比較してみると、あることに気づきませんか？　そう、四つの宗教ともに、「他人に対する思いやり」を説いているのです。

「善く生き、よく成長すること」は、人が生きていくうえで大きな目標であり、目的です。しかし、そうした目標・目的を自覚した者だけが価値のある存在で、そうでない人々を見下したり、なくてもいい存在だと断じるようなことはあってはなりません。四つの宗教が説いているのは、「善く生きること」と「そうした自分を社会で役立てること」ではないでしょうか。

親がこうした倫理観を持って子どもを育てることができれば、子どもは「自分さえよければ他人はどうでもいい」という傲慢な考え方を持つことはありません。また、怪しげな新興宗教の教えにかぶれてしまう危険性も、ずっと低くなるのです。

しっかりとした倫理観を持つには、必ずしも特定の宗教を用いる必要はないと思います。でも、前述の通り、古くから信仰されている宗教は、いずれも同じ教えがベースにおかれています。ここから「古今東西、大切なことはひとつ」と言えるのではないでしょうか。

親がまず、この真理をしっかり持って子どもに接することができるなら、子どもは正しい倫理観を持ち、「〇〇様の教えでは、日本人が一番偉い」「〇〇様の教えを信じない愚か者は生きている価値がない」などというカルトの教えにはまることは、決してないでしょう。

優秀な頭脳はあるのに、まともな倫理観を持たない者は、実は世の中にたくさんいます。自分が儲《もう》けさえすれば他人が泣いてもいい、巨万の富を持ちながら、恵まれない人に寄付することなど考えもしない……。こんな貧しい人間をこれ以上生みださないためにも、これからの世界をよりよくするためにも、大人がまず、しっかりした倫理観を持つようにしたいものです。

Point 38

教育の基本は「観察」にある

この本を読んでくださっている方の多くは、受験生もしくはごく近い将来に受験を控えたお子さんをお持ちだと思います。お子さんの将来をよりよいものにするため、そしてお子さんに幸せな人生を送ってもらうため、おそらく真剣に考えておられる方ばかりなのだと思います。

そんな親御さんに「あなたは自分の子どものことをよく知っていますか？」という質問をしたら、たちまち「当たり前じゃないの！」とお叱りを受けそうですが、「子どものことなら、親である自分が一番よく知っている」と思っているのは親本人だけ、というのはよくあることなのです。

たとえば、子どもの友達のお母さんに「○○君って、細かいところによく気づくわね」などと言われたり、学校の個人面談で担任の先生から「最近元気がないようですが、何か変わったことはありませんか？」などと言われたりして、驚いた経験はありませんか？　そう、親だからといって、子どものすべてを知っているとは限らないのです。

自分自身のことを考えてみてください。あなたは家族に、自分のすべてを見せているでしょうか。重大な秘密はなくても、「家族には内緒だけれど、本当は歌手の○○が好き」とか、「みんなには黙っているけれど、実は親戚の○○さんが嫌い」とか、「社交的に見えるけれど、本当はひとりで本を読んでいるほうが好き」というくらいの内緒事は、あなたにもあるでしょう。

それと同様に、あなたは配偶者のことも、すべてを知っているとは言えないはずです。結婚して何十年もたつ夫婦でも、あるとき「夫（あるいは妻）の意外な一面」を発見するのは、実によくあることなのです。そう思いませんか？

これは、子どもでも同じです。子どもだって、親が気づいていない意外な一面を持っているものだし、親には見せない顔も持っているもの。それなのに、子どもに関してだけは「私は親だから、子どものすべてを知っている」と自信たっぷりに思い込んでしまうのは、ある意味、危険なことだと言わなければなりません。

昔は子どもの数が多かったせいもあり、親の子どもに対する期待も分散され、ひとりの子どもに過大な期待を寄せることもありませんでした。ところが、少子化が進んだ現代では、親の子どもにかける期待は、とてつもなく大きなものになっているのが現状です。

いい中学・高校に入り、いい大学に入り、いい会社に入って安定した生活を送り、できれば親の老後の面倒も見てほしい。そんな大きな期待を背負わされ、子どもたちは一生懸命期待に応えようとして頑張っているのではないでしょうか。

子どもに期待するな、と言うつもりは毛頭ありません。親が子どもに期待するのは、ごく当たり前のことであり、期待は愛情のひとつのカタチです。

しかし、その前にしっかり見極めなければならないのは、「うちの子はどんな子どもか」ということです。

あなたの子どもは何が好きですか？　どんなことに興味を持っていますか？　夢中になってやるのは、どんなことですか？

少なくともこの答えが見えないうちは、子どもの進路を考えるべきではありません。たとえば、いくら理数系が得意だからといって、生き物に興味がない子どもに医学部を目指させるような愚かな選択をすべきではありません。

あなたの子どもは大勢で競い合うことが好きですか？　ライバルの存在で気合いが入るタイプですか？　それとも、マイペースでひとり黙々と何かをやるタイプですか？

これを見極めないうちは、どんなに合格実績が高かろうとも、進学塾を考えるべきではありません。競い合うことが苦手な穏やかな子どもにとって、大勢の子どもが集まる進学塾に入り競争原理の中で勉強することは、苦痛にしかなりません。

「うちの子ならできるはずだ！」と思うのは結構なことです。しかし、その前に子どもをよく観察し、子どもに合った道、合った方法を見いだすのは、親の役割です。私は、教育の基本は「観察」であると考えています。本来ならば、学校の教師も一人ひとりの子どもをしっかり観察し、その子の個性や適性を見抜いて指導をしてもらいたいものですが、ご存じの通り、今の学校の状況ではそこまで望むのは不可能です。だからこそ、親がしっかりとわが子を観察する冷静さが必要なのです。

何も子どもを四六時中監視していろ、と言うわけではありません。子どもが何をして遊んでいるのか、どんなことに集中しているのか……普段の様子を観察していると、子どもがどんな個性を持っているのかがわかるはずです。

そして、子どもが熱中していることを見つけたら、「あなたは本当にそれが好きね」「とても上手ね」と褒めて、自覚させてあげてください。そうすると、子どもは「自分のことをわかってくれている」という大きな喜びと自信を感じるはずです。そして、もっともっと頑張ろうという意欲がわいてくるでしょう。

何かに自主的に取り組み、熱中したことが認められた子どもは、勉強にも意欲的になりやすいのです。これは、やみくもに「勉強しなさい！」と言うよりも、はるかに学習能力を上げる効果があります。

自分勝手な理想像を押しつけず、等身大の子どもを見て、認める――これに勝る教育はありません。

Point 39 女の一人っ子より危うい男の一人っ子

「一人っ子なんだ」と言ったとき、「へぇ、じゃあ寂しいわね」などと返されたのは今や昔の話。少子化が進んだ現代では、一人っ子はごく当たり前になり、むしろ逆に「三人きょうだい以上」というのは珍しくなりました。

一人っ子の時代になり、親と子どもの関係も大きく変わりつつあります。子どもが多かった時代なら、長男として大きな期待をかけられて育った子どもと、あまりかまわれずに育った子どもとの間で差がつくこともありました。兄弟が多い場合はそれこそ「一人ひとりに構っている場合ではない」ということも多く、子どもたちはそれなりに伸び伸びと育ち、自然に自立していく構図があったのです。

当然ですが、生涯持つ子どもがひとりきりとなると、親の期待のすべてがたったひとりの子どもに集中してしまいます。とくに母親が子どもにかける情熱は、かつての親の姿とは違ったものになっています。

子どもが女の子の場合、母親が望むのは「友達のような母娘関係」ではないでしょうか。娘が大きくなったとき、一緒に買い物に行ったり、コンサートなどに出かけたり、洋服やバッグなどを貸し借りしたり……と、まさに姉妹か友達のような密着ぶりを見せる母と娘の姿は、あちこちで見ることができます。

母親としては、いくつになっても娘と一緒に遊ぶことで若さを保てるのかもしれません。また、娘としても母親と仲良し関係をつくっておくと、自分が子どもを産んだとき、何かと面倒を見てもらいやすいというメリットもあります。しかし、「友達母娘」は親離れ・子離れができない問題親子の典型であることを、母親はもっと自覚すべきです。

女の子の一人っ子の場合は、このような問題を秘めていますが、それよりももっと危ういのは、男の子の一人っ子です。

男の子を持つ母親は、女の子を持つ母親以上に、子どもに構いすぎる傾向があります。面倒見がよいと言えるのかもしれませんが、毎日服を選んでやり、着替えを手伝ってやり、出かけるとなれば靴を履かせてやり……というかいがいしさは、女の子に対してよりも男の子に対して、大いに発揮されるように見えます。

生来のしっかり者が多い女の子にくらべ、男の子はぼんやりしている子が多いせいなのか、男の子だからできないのが当たり前と母親が思い込んでいるせいなのか、あるいはその両方が複雑に絡み合った結果なのか……どれが真実なのか決めつけられませんが、ひとつだけ言えることがあります。それは、女より男のほうが身のまわりのことについてだらしない者が多いということです。

母親は男の子に対して、幼い頃から過度にかいがいしい傾向があります。そして大きくなり、男の子が乱暴な遊びをするようになってきたとき、「男の子って乱暴な遊びが好きなのよね。泥んこになって大きくなるものよね」と受け入れられる母親ならいいのですが、多くの場合、「そんなことするんじゃありません！」と男の子が本能のままに遊ぶことを禁じてしまいます。

この結果生まれるのが、母親の許可を得なければ何事も判断できず、自分のことは自分でできず、他者への依存が強いマザコン男です。

マザコン男の問題点が深刻化するのは「思春期」。先にも述べましたが、思春期の男の子はまさに「性欲のとりこ」となります。女性には理解しにくいことかもしれませんが、この時期の男の子は「とにかく排泄《はいせつ》したい！」という衝動が、性欲のすべてとなります。気のきいた男の子ならカノジョをつくって初体験、となるかもしれませんが、これはむしろまれ。

まずほとんどの男の子は、エロ本を隠し持ったり、インターネットでアダルトサイトを見たりして、自分で処理するようになるのです。ところが、子どもに構いすぎる母親は、これらのマスターベーションのためのツールをことごとく発見してしまいます。子どもの部屋を勝手に掃除するのはもちろん、ベッドの下を見たり、パソコンを開いたり……などなど、平気でやってしまうのです。

さまざまなものを発見しても、そっと元の位置に戻しておくようなデリカシーのある母親なら問題ありません。ところが、長年かけて子どもをマザコン男に仕立て上げた母親は、決まって「これ、なんなの？」「いやらしいわね、まったく」と子どもを白い目で見てしまいます。これは子どもにとって、まさにトラウマになります。下手をすると、まともな性交渉ができない男になる可能性だってあります。

マスターベーションは、健康な男の、いわば「生理現象」です。しかもこれは、男の子の自立心の目覚めのひとつとも言えます。だから隠れて行います。これに感情的に干渉されるのでは、たまったものではありません。まさに「悲劇」です。女親だからこそ、見守るしかないときもあるのです。

もうひとつの悲劇は、自分勝手でわがままな母親に育てられるケースです。たとえば、その日の気分で言うことがコロコロ変わる母親。昨日はにっこり笑って受け入れてくれたことも、きょうは鬼の形相で怒鳴りつけたりします。兄弟がいれば被害は分散されますが、一人っ子は自分だけで受け止めるしかありません。

この結果、「とにかく母親には逆らわない・自分の意見を言うなどもってのほか」という、まさに去勢された男が育ちます。したたかな子なら「その場だけハイハイ言っておけば満足なんだから」という要領のよさを身につけ、同世代のわがままな女の子たちも上手にあしらえるモテ男になるでしょうが、それは限られた少数です。母親に頭が上がらない男の子は、論理的にモノを考えるより「とにかく耐えろ」が先に立つ、自我が確立されない男に育つ可能性が大と言えます。

一人っ子の男の子を持ったなら、とにかくどうしても許せないこと以外、「構わない」ことを常に念頭に置いていただきたいのです。マザコン男に魅力を感じる女性がいないことは、なによりあなた自身がよく知っているはずなのですから。

Point 40
わが子をひきこもりにしないために

大学を卒業したものの、就職という道を選ばない若者や、高卒で大学へ進学もせず、就職もしないという若者が多くいます。また、大学へ入学を果たしたものの、まったく通学しなくなってしまう若者もたくさんいます。彼らの中でアルバイトに明け暮れる者こそ、フリーターです。

近年減少傾向にあるとはいえ、フリーターは今でも一五〇万人いると言われます。安価な労働力として重宝される一面もあるようです。彼らは音楽や芸術など、やりたいことがはっきりしているものの、それが簡単に仕事と結びつかないために、就職という道を選ばないのです。日々の糧《かて》を得つつ、自分のやりたいことに打ち込む時間を得るために、バイトをしているというケースが多く見られます。

ここには「やりたいことはやるが、自分の食いぶちは自分で稼ぐ」というタフな精神力が見て取れ、思わず応援したくなります。その一方で、ちょっとしたトラブルが起きたり上司に叱られたりと、つまらない理由で簡単にバイトを辞めてしまうなど、自分の仕事に対する責任感がないという問題点があります。

就職すれば、どんなに眠くても早起きして満員電車に揺られなければならなかったり、上司というだけで無能な大人の命令を聞かなければならなかったり、茶髪にピアスは言語道断どころか自分の好みではないスーツを着なければならなかったりと、理不尽な思いに耐えなければなりません。

しかし、フリーターならその名の通り、すべて自由《フリー》。確かにラクなことこのうえないのですが、これでは多くの人が守らなければならない当然の常識やルールを身につけるという、社会人としての自覚を維持するのが困難になります。フリーターの多くが時間にルーズなのは、まさに社会人としての自覚の欠如を端的に表していると言っていいでしょう。

フリーターという道を選んだ当初は「やりたいことがあるから」と言っているものの、責任感も自覚も持たずに生きていけるという、あまりにラクな生活に慣れきってしまうと、次第に「やりたいこと」にかける時間を持たなくなってしまうようです。やがて、目的を失った「その日暮らし」になってしまうケースも、決して少なくありません。

一方、ニートと呼ばれる者たちがいます。ニートとは「Not in Education, Employment or Training（学業にも、職業にも、職業訓練にも就いていない者）」ですが、要するに親のすねかじりです。これで親の経済力をいいことに、旅行したり、映画に行ったり、遊びに行ったりするなら、外界と接触するぶんだけまだマシなのですが、これはごく限られた少数の、極めてまれなケースです。

現代、まさに社会問題と化しているのは、自室に閉じこもったきり室外に出ようとしないひきこもり。食事は部屋の前に置いてもらったものをひとりで食べる、室外に出るのは家族が寝静まった深夜だけ、という生活を長年続けている者もいます。子どもがひきこもりになってしまった家庭の苦悩は、計り知れないものがあります。

子どもがいい年齢になっても、のうのうとフリーターをしているのも困ったものです。ただ、彼らは家の外に出て、とりあえずは働いています。友達と会って遊んだり、女の子とつきあったりしているのです。ひきこもりに比べれば、どれほど幸運でしょうか。しかし、そんな彼らも、仕事でつまずくことが続いたり、やる気を失ってしまったりすると、フリーターをやめてしまうことがあります。

このとき、親元に住んでいるなど経済的に困らない状況にいると、日がな一日、自室でゴロゴロしているようになります。そしてゲームや漫画、ＹｏｕＴｕｂｅを楽しみ、一日じゅう誰とも口を利いていないのに、インターネットなどでバーチャルなコミュニケーションをとっているだけで充分、と感じるようになってしまうのです。

やがて深夜までオンラインゲームをするようになると、昼過ぎどころか、夕方まで寝ているようになります。生活が完全に昼夜逆転。親とも顔を合わせなくなってしまいます。「いつまでこんな生活をしているの？」と小言ばかり言う親と顔を合わせずに済むのが快適になり、こうして完全なひきこもりになってしまう……。このようにフリーターが無職となってひきこもりになるという例は、かなり多いものと推察できます。

ひきこもりが何より悩ましいのは、生きる気力を失ってしまっているということに尽きます。自室にこもって、ネットだけを友にしている彼らは、ただ息をしているだけの存在です。言ってみれば、ひきこもりは緩やかな「自殺」と言えるのではないでしょうか。このような事態は、親としてなんとしても避けなければなりません。

こんな例があります。小さな頃から優秀を自負していたのに、晴れて志望校に入ったら、自分と同じレベルの頭脳の持ち主はいくらでもいる。しかも、社交性がないため、友達がつくれない。そんな自分に誰も声をかけてくれないどころか、陰で笑われているような気さえする……。大学にさえ入れば、道は大きく広がるはずだったのに、味わうのは疎外感と挫折感のみ。そういう日々の中、彼はいつしか外部との接触を絶ってしまったのです。

ひきこもりになる理由は、数限りなくありますが、彼らの中に共通してあるのが「自信喪失」です。

もしこの例の学生が勉強以外に自慢できるものがあれば、どんなに救われたことでしょう。仮に勉強で挫折しても、ほかに打ち込めるものがあるなら、彼はひきこもりにならずに済んだのです。そして、心から自分を心配してくれる友がいれば、ひきこもりになりかけたときに、救いの手を差し伸べてくれるはずです。

若いうちに挫折を経験することは、人間的成長に欠かせません。しかし、自信を失ったときに自分を支えてくれるものがなくては、挫折から立ち直るのはより困難になります。

わが子をひきこもりにしないためには、子どもが自信を持てる何かを構築することに尽きるのではないでしょうか。

Point 41

「壊れかけた子ども」が甦る、焚き火の力

四〇年以上にわたり多くの子どもたちを指導してきた私は、「音読法」「サイコロ学習法」「作文術」など、子どもの学力を伸ばし、受験に勝利できる学習法を開発、実践してきました。いずれも目覚ましい効果を上げていると自負しております。

しかし、受験勉強に駆り立てられる子どもの中には、それらの学習法に取り組む以前にその子そのものをなんとかしないといけないケースがあります。机にかじりつくことを強いられ、口数が少なくなった子ども、表情がなくなるなどしてロボットのようになってしまった子ども、勉強のしすぎでイライラして暴力などの問題行動が増えている子ども、集中が続かず、成績がどんどん落ちている子ども、そしてスマホやゲームが手放せなくなり、依存症になっている子ども……。こうした子どもたちこそ、詰め込み学習の犠牲者です。

アタマが破裂しそうになるくらい「試験に出るから」と興味もないことを詰め込

まれ、好奇心も感受性も失ってしまった子どもを放っておくと、無感情、無表情のおもしろくもない人間ができ上がってしまいます。これでは仮に志望校に入学できたとしても、その後の人生が花開くとは思えません。一刻も早く、この状態から抜け出させなければなりません。

こうした子どもたちに絶大な効果を発揮する方法が、「焚《た》き火」なのです。

初めて「焚き火で壊れかけた子どもが生き生きと甦《よみがえ》り、しかも学力も伸びる」と聞いたら、何やら怪しいことを思い浮かべる人もいるかもしれません。しかし、私が提唱する焚き火のやり方は、いたって簡単、「焚き火ができる場所に行き、焚き火をする」。ただそれだけです。

焚き火のどこが子どもにとってよい効果をもたらすのか、詳しく説明しましょう。

昭和の頃とは異なり、焚き火を条例で禁止している市町村はたくさんあるため、どこでもできるというわけではありません。河川敷やキャンプ場など、焚き火をしてもよいと定められた場所を探す必要があります。市街地にそのような場所があるわけがないので、焚き火をしようとすると、必然的に自然の中に入っていくことになります。まず、これが子どもにとってとてもよい効果を及ぼします。

自然の中は、予測不能なことに満ちています。その中で、子どもはいつの間にか創意工夫をするようになります。

転ばないで歩く方法、かまどを作るのにいい形の石を見つける方法など、創意と発見に満ちています。そうした自然の中での焚き火は、まず材料を見つけることから始まります。よく乾いた枯れ草の束は、火を点《つ》けるときに必要です。熾《おこ》した火にくべ、炎を大きくするための細い枯れ枝も調達せねばなりません。そして安定して燃え続けるためには太い薪が必要です。これはキャンプ場やホームセンターで購入することもできます。しかし、自然の中でそれらを見つけることは、そう難しいことではありません。まずは子どもにこうした仕事をやらせるのもいいでしょう。火を熾すのも、最初のときは親がやってみせ、その後は子どもに任せるのもいいことです。

ゲームばかりやっている子どもは、体を動かすことがとても億劫《おっくう》です。しぶしぶついてきたものの川遊びにも木登りにも興味が持てない。そんなことがよくあります。しかし、目の前で集めた枯れ木に火を点け、炎が上がるとどんな子どもでもたちまち目が惹《ひ》きつけられます。炎の形は一瞬たりとも同じ形にはなりません。音を立てて大きな炎が上がることもあれば、順調に燃えていたのに目を離したことで消えてしまうこともあります。

火を前にすると眠っていた好奇心をかき立てられるのでしょうか、何かを始める子がほとんどです。最初は不満顔だったのに、持ってきた食べ物を木の枝に刺して焼き始める子もいれば、もっと大きな炎にしようと枯れ枝集めに走る子もいます。そうかと思えば、何も言わずじっと焚き火を見つめる子もいます。そういう子はアタマの中で遠い宇宙を飛んでいるのかもしれません。

そうしたとき、私は「どんな気分？」と聞きます。すると、どんな子も「気持ちがいい」と答えます。そこで「ゲームしているときはどう？」と聞いてみると「くだらない」「ばかみたい」「最悪」といった答えが返ってくるのです。

詰め込む一方の暗記学習で、子どもの脳は親が思っている以上に疲れ果てています。興味もやりがいもない虚《むな》しい重労働を続けていると、「これはとてもよいことだから、やりなさい」と言われても、もう体は動きません。子どものアタマでも同じことが起きているのです。無味乾燥な、専門家でなければ使わないような言葉を無理やりアタマに入れることを繰り返していると、深く考えさせるような味わい深い文章はもうアタマに入ってきません。むしろ、「余計なこと」と判断し、シャットアウトしてしまいます。

暗記学習ばかりしている子どもが好奇心も感受性も失い、ロボットのような無表情になってしまうのは、ここに理由があります。

しかし、熱を放ちながら燃える焚き火を見ているうち、次第にアタマがすっきりとしていきます。脳の疲れを、焚き火がほぐしてくれるのでしょう。炎を見ていると、とりとめのない考えが浮かび、回り始めます。周囲にいる人といつもはしないような深い話をするのも、こんなときです。

この状態を、私は「アタマの活性化」と呼んでいます。

私たちの遠い祖先が火を発見して以来、人は火とともにありました。漆黒の闇の中、外敵から命を守るため、祖先たちは焚き火を囲み、炎を見つめながら憩いのひとときを過ごしたのではないでしょうか。そして、火を絶やさないように枯れ枝をくべながら、いろいろな話をしたのではないでしょうか。

オール電化が当たり前になった今の時代、「火」を見る機会はどんどん失われています。もしかすると、「生まれてから一度も火を見たことがない」という子どもがいても、驚くに値しない時代になっているのかもしれません。現に「マッチで火を点けたことがない」という子どもや二〇代の若者はたくさんいます。

そうした現代であっても、一日の終わりに焚き火を囲んで、火を見つめながら過ごしていた祖先の記憶は、私たちのどこかに眠っています。その記憶が、疲れ果てた脳を活性化させ、再び生き生きと働き出すきっかけをつくってくれるのではないでしょうか。

変わり続ける炎の形、薪のパチパチする音、煙の匂い、顔や体で感じる熱、そして焚き火で焼いた肉や魚介の味わい……。普段の生活では眠っている五感を刺激してくれるのも、焚き火の大きな魅力のひとつです。こうしてアタマをあらゆる方向から刺激するからこそ、脳によい効果をもたらし、学力の向上につながる――そう私は確信しています。

先に記した通り、焚き火は都市部の日常では簡単にできることではありません。キャンプや釣りに行くなど、自然の中に出かけねばなりません。しかし、週に一回、否、数ヶ月に一回でもいいです、家族で自然の中に出かけ、焚き火をする時間は「子どもの教育のために不可欠な時間」として確保すべきだと私は考えます。また、子どものためだけでなく、毎日仕事で張り詰めた生活を送っていたり、複雑怪奇な人間関係に神経をすり減らしたりしている親にとっても、焚き火は「ストレス解消」という言葉では足りないほどの効果をもたらします。

子どものためだけでなく、親自身がよりよく生きるためにも、ぜひスケジュールに焚き火を加えてください。それがよりよい人生をもたらしてくれることを確信しています。

Point 42 男の子の根本は「オチンチン力」である

少子化社会です。しかも、すでにその少子化社会は、世代交代をしています。この本の読者のみなさんは、その世代交代した親の代表だと思います。

現在のほとんどのお母さんは、一人っ子の方や姉妹だけの方や、兄弟がいても兄か弟だけの方ばかりでしょう。つまり、みなさんのほとんどは、お子さんが生まれるまで、間近で幼児のオチンチンを見ることがなかった方たちだと言えると思います。

ここで質問ですが、自分のおしっこで、地面に半径二メートル以上の円をあっという間に描くことができますか？　また、自分の背より高い塀の向こう側におしっこをすることができますか？　さらに、直径二センチの穴の空いている高い壁の前に立ち、壁の向こう側におしっこをすることができますか？

男の子はいとも簡単に、これができるのです。しかも全員です。それは、男性の性器が、カラダの外へ突出しているという、ほかには見られぬ臓器だからです。

男の子はおしっこをするとき、それをどこへ向かってするかという判断をします。同時に、自らの手でそれを支えて、出したい方向に確実に用を足そうとします。ここには、意思が働きます。おしっこは男の子の自己コントロールの根本なのです。ということは、便器を汚さず確実におしっこができるようになった子どもは、しっかりしやすいということになります。

さて、「風もないのに……」とか申しますが、オチンチンはいつもブラブラしています。このことからか、男の子は無意識的に気が散りやすいという特性を持ちます。男の子はチョロチョロします。際限なくチョロチョロします。まさに「疲れを知らない子どものように」というのは、男の子のことでしょう。次から次へと遊び続けます。じっとしていることがありません。

私は、長男があまりにチョロチョロするので疲れ果て、父にこぼしたことがあります。すると父は、「ふざけるな。オマエはこの一〇〇倍チョロチョロしておったぞ」と宣《のたも》うたのです。

「まえがきにかえて」にも記しましたが、私はこのチョロチョロこそが、男の子の最も大切な能力だと思うのです。私はこれを「オチンチン〝力《りょく》〟」と呼びます。

オチンチン力はオモロイことを求め、探し、見つけます。また、その過程で信じられないような発展的アイデアをもたらします。

オチンチン力は、男性の創造性のすべての源です。オチンチン力があるから、男はオモロイことを思いつくのです。

そして、オチンチンがあるからこそ、絶えず気が散って無意味なことを繰り返すのです。ということは、男の子がチョロチョロするのが許せない親は、オチンチンをとってしまえば、その望みが叶《かな》えられることになります。現に、男の子はチョロチョロすることを厳しく注意され続けます。

これはまずい。男の子を育てているのに、オチンチンがなければいいと願ってしまう。この潜在意識はコワイ。実は、男の子の指導の専門家（オチンチンの専門家ではない）である私は、このことに強い危惧の気持ちを禁じえません。

考えてみれば、兄弟のいないのは、女親に限りません。学校の女性の先生たちも同様だと思います。たぶん彼女らは、男の子のオチンチンをよく了解できていない人たちです。オチンチン力の大切さを知らない人たちです。故に、男の子がチョロチョロするのが大嫌いで、少しも許せないのです。

「あー、どうして男の子ってこうなの！」――よくこう思われる方は、まだオチンチンのことがよくわかっていない人です。

もちろん、男の子も叱られることで成長する面を持っています。しかし、ただじっとしていることは、できない相談です。われわれ男の多くは「散る」という特性を持っています。

都市に生活していると、室内でテレビゲームやテレビ、スマホやコミックスといったものに向かわざるを得ない子も多いでしょう。しかし、長時間じっとしていると、オチンチン力が暴れる指令を出します。このことが「キレ」の原因のひとつであることも想像できるでしょう。オチンチン力が充分に発揮されたあとに、少しは我慢して机に向かってもいいと思う。これが男の子の普通の姿です。

男の子を育てるには、チョロチョロするのをやめさせるよりも、上手にチョロチョロさせることが大切です。

「落ち着きがない」などと嘆く必要はありません。元気で男らしいと安心するべきです。譬《たと》えは悪いですが、犬の散歩に行って、犬がさも水を得た魚のようにはしゃぐのを見て、思わずこちらも嬉《うれ》しくなる、そんな気持ちが大切です。

ひと昔前の男の子たちは、一歩家を出ると、すぐに遊び場や自然環境を手にすることができました。車も、住宅街を縦横に走るなんてことはありませんでした。ところが、今は、男の子が安全に遊べる場所は、学校の校庭くらいしかありません。都内では、この五〇年に子どもの遊び場は、五〇分の一以下になりました。変質者の事件も重なり、外で群れて遊ぶ子どもは、かえって白い目で見られます。

私は涙ながらに訴えたいと思います。これでは男の子が育ちません。これではすべての源のオチンチン力が育ちません。だから、われわれ大人は、男の子たちの遊び場環境の整備をなによりも優先することに断固たる決意をしなければなりません。私の教育コンサルタントとしての少なからぬ経験から、確かに言えることがあります。

「男の子をしっかりした子どもにしたければ、まず充分に遊びの経験を積ませること」――これに尽きると思います。受験勉強はそのあとです。そして、その場を設ける仕事は、周囲の大人たちにしかできません。社会全体が子どもの遊ぶ環境に向けて協力していくときこそ、わが国の将来を担える子どもたちを育てられるのだと思います。

現代の生活では、男の子がおしっこをする場は激減しました。しかし、洋式便器は、男の子に正しいオチンチンのコントロールを学ばせる格好の教材です。洋式便器には、「壁」がありません。水たまりの中にするカタチになります。水跳ねを避けて、上手にするためには、オチンチンをよくほぐしてひざのクッションを上手に使い、便器と水の接点に上手に集中して放水するテクニックが必要です。終わったときの「水切り」も手抜きができません。

家庭教師の経験上、トイレが尿臭くて汚い家の子どもは、そのほとんどがしっかりしていません。これは、「失敗」したときに、拭かせることを徹底しないからです。男の責任のもとはこれです。このことは、チョロチョロの正しい使い方につながる大切なことなので、できるようになるまでしつこく注意し続ける必要があります。お父さんにも見本を見せてもらいます。

最近、トイレを汚さないために男の子にも便座にすわらせて用を足させる躾《しつけ》をするご家庭があるようですが、言語道断です。トイレ掃除の手間をお子さんの教育に優先させて何とします。

さて、やがてチョロチョロが看板だった男の子たちも、一二歳、一四歳と歳を重ね、陰毛も生えて性器に別の働きがあることを知るようになります。そうなると、自然とチョロチョロを停止します。逆に、この歳になってもチョロチョロが終わらないと、やや異常です。ひょっとしたら、とんでもない大バカ者か、将来の大人物かもしれません。

ともあれ、チョロチョロを終了した内面には、長年のチョロチョロの蓄積が、大人の男が持つ本格的な好奇心や創造性のコアとなって形成されています。私は、これこそが男の子の学習力の源だ、と思うのです。充分にチョロチョロし終わった男の子たちは、飽くことなく努力をすることができます。しかも、自分から勉強し始めることが多いので、うるさく言う必要がありません。

また、このようなときにこそ、塾通いなどの教育環境を整備すべきでしょう。遊びきった感触を持った子どもたちは、どこへ通わせても、まず成績が急上昇するものです。それに、これまでのあれこれの実体験が、学習の困難を解決する時限爆弾となって炸裂《さくれつ》していきます。ただし、漢字の書き取り力と計算力が足りないと、急速な成績向上の足かせとなるので、これだけはあらかじめしっかりやっておいたほうが、後悔することが少ないようです。

こうして、健全なオチンチン力を育成した男の子たちが、やがて探究心・創造性・仕事力に優れた、社会に役立つ大人の男たちに育っていくのです。

現代社会の男児育ての最大の盲点が、このオチンチン力です。

Point 43

世代交代ができる男に

二〇一九年一二月、厚生労働省が「人口動態統計の年間推計」を発表しました。推計の段階ですが、それによるとこの年の出生数は八六万四〇〇〇人。二〇一五年に出生数が一〇〇万人を大きく割り込んだことが話題になりましたが、それどころか九〇万人も割り込む事態となり、人口減に歯止めがかからないことが明らかとなりました。

それだけでなく、婚姻件数もじわじわと数字を下げており、二〇一〇年には婚姻件数が七〇万余組だったのに対し、二〇一九年では推計で五八万三〇〇〇組となっています。

子どもの数が少ないだけではなく、成人した男女が結婚することさえが、当たり前ではなくなっている時代に突入しているのだと言えるのではないでしょうか。

ちなみに、二〇一七年の合計特殊出生率（ひとりの女性が生涯に産む子どもの数）を見てみても、アメリカ一・七七、フランス一・九二、ドイツ一・五七、イギリス一・七九に比べて、日本は一・四三と低い水準になっています。

なぜ、ここまで少子・晩婚化が進んだのか。それは女性の社会進出が進み、女性がキャリア志向を持つことが当たり前になったことが、最大の原因だと考えられます。これは、誰もが了解することでしょう。

今や一般企業から官僚に至るまで、優秀な女性は驚くほど多くいます。昔のように「稼ぎのいい男と結婚して、専業主婦になり養ってもらう」という女性は、少数派になりつつあります。知性と教養を武器に社会的地位を手にしていく女性は、もはや男性を必要としません。

昔、結婚適齢期と言われた二四歳くらいは、今の女性にとって仕事を覚える重要な時期、結婚など考える余地もありません。彼女たちが結婚を考えるのは、自分が充分にキャリアを積み、確固たる地位を築いてからです。となると、三〇歳を超えてから結婚し、それから子どもを持つか否かを考える……これが今の意欲的に生きる女性です。

女性にとっての結婚が「永久就職」と呼ばれた時代がありました。大変失礼な言い方になりますが、生活力のない女性にとって、生きる糧《かて》を得る方法が「結婚」だったのです。

そのため、どんな横暴な男であろうと、浮気者であろうと、妻を家政婦兼性欲処理係としか見ない男であろうと、「安定した生活を生涯にわたって約束してくれる男」が、よき結婚相手だったのです。その目安となるのが、高い学歴でした。学歴が高い男なら一生食いっぱぐれることもなく、それなりの地位が望め、決して貧乏に苦しむことがないだろう、というのがその理由です。

そして、理想の相手に巡り合えた女性は、あたかも生活のために好きでもない仕事を黙々とこなすサラリーマンのように、自分が生きていくために夫に尽くし、姑《しゅうとめ》に仕え、家事をこなしていたのでしょう。

このような話を現代の女の子たちにしたら、たちまち「げっ！」と吐き捨て、「そんなの信じられない。そんな結婚をするくらいなら、一生独身のほうがマシ！」と断言することでしょう。それほどまでに、今の女性は自立しているのです。

自らの労働で生活できる自立した女性が選ぶのは、単に「高学歴で、安定かつ高収入が約束された職業に就いている男性」であるはずがありません。結婚後も仕事を続けることが大前提だという彼女たちにとって、夫の経済力はさほど気にならないことが多いものです。

前にも述べましたが、女性にとって「料理ができるイクメンが理想」というように、家事はできて当たり前、子どもができたらオムツ替えから入浴、保育園の送り迎えまでこなすイクメンが当たり前という男性でなければ、結婚対象にならないというのは、もはや常識と言っていいでしょう。さらに、会話を楽しめる、一緒にいて楽しいというコミュニケーション能力も必須です。

東大卒で官僚あるいは医者なら、いくらでも相手が見つかるという時代は過ぎ去りました。今や、女性が男を選ぶ時代です。それどころか、「男も必要ない、欲しいのは優秀な遺伝子を持った精子だけ」という女性が現れるのは、もはや時間の問題と言えるでしょう。

さて、そこで問題なのは、あなたの息子さんです。あなたの息子さんは、進んだ女性に選ばれる可能性があるでしょうか?

女性なら精子さえ手に入れれば、自分の遺伝子を残すことができますが、男性は自分を受け入れてくれる女性の存在なしには、自分の遺伝子を残すことができないのです。

自分の遺伝子を残さなくてもいいと本気で考える人は、いったいどのくらいいるのでしょう。さまざまな理由で子どもをつくることができず、不妊治療の果てに子どもを持つことを断念した方も多くいらっしゃいます。そんな方々が抱える「自分の遺伝子を次世代に伝えることができない悲しみ」を思うと、胸が張り裂けそうになります。しかし、そういう切ない現実もなく、機能的にもなんら問題がないのに子どもを持つこと、自分の遺伝子を残すことができないのだとしたら、それ以上の不幸はありません。

人生の究極の目的は、いい暮らしをすることではなく、世代交代をすることです。世代交代が叶えられないから不妊の人たちは悲しいのであり、世代交代を望まない人がいたとしたら、それは「自分以外に人を愛することのできない不幸な人だ」と断じていいのです。

あなたのお子さんは、幼い日々の大半を費やして一生懸命勉強し、一流大学に合格するかもしれません。しかし、どんなに誇れる学歴を得ようと、安定し、高収入が約束された職業に就こうと、その遺伝子を次世代に伝え、世代交代ができないのなら意味がありません。

この本で私は繰り返し「子ども時代はいっぱい遊び、美しいものに触れ、豊かな経験を積み、多くの人と触れ合い、成長してからはたくさんの趣味を持つべき」と申し上げてきました。なぜなら、このような男性は、女性に選ばれる確率が高くなり、世代交代しやすいからです。

どうか、無味乾燥な詰め込み教育で、子どもの好奇心や感受性、生きる力を奪い取って、世代交代が叶わない男性にしないでください。これは、子どもだけでなく、あなた自身が世代交代できるか否かに関わる、切実な問題なのですから。

「女性に配偶者として認められる男」――これがこれからの男の理想像であり、最低限の柱です。これからはもう、偏差値や学歴ではありません。

男の子の失敗しない育て方、それは未来のパパにふさわしい男に育てようとすることです。

文庫本のためのあとがき

読者のみなさん、本書ご一読、誠にありがとうございます。

そもそも本書の親本である二〇〇六年発売の単行本は、男の子への母親の過干渉の問題について指摘するのが、執筆の起点でした。それは男の子を「放任」するのではなく、「解放管理」することの勧めでした。

私は、その単行本の「あとがきにかえて」でこう記しました。

＊　＊　＊

この本を著した本心は、男の子にたくましく育ってほしいという願いです。そしてそのためには、周囲が「男というもの」を再認識することが必要ではないか、それを伝えねばならないという思いからでした。

母親にとって、異性である男の子の育て方は難しい。しかも「一人っ子」の場合の難しさについては、信じられないくらい周囲が理解しない。

男の価値は「バカ」か「利口」かでは決まりません。「やれる」か「やれない」

かで決まると思います。すべての基本となるこの能力は、試験の点数でははかることのできないものです。

まさに、これこそ「オチンチン力」です。

オチンチン力を高めるには、経験からくる自信が欠かせません。

これ以上は申し上げません。詳細はこれまで書いてきたことをご確認ください。

この本が、みなさんの男の子育ての役に立つヒントとして読まれることを、切に希望します。

＊　＊　＊

私のこの本が先駆となり、数多くの「男の子の子育て本」が現れ、一大「ブーム」となりました。それに応じて、さらに多くの親御さんから男の子育ての教育相談を受けることになるのですが、年代がより若い世代になればなるほど、もはや母親と息子は完全に一体化したように見えるケースが極めて多くなっていきました。

「夫婦」でも「恋人」でもない、この「母子一体型」の現象は、いよいよ一人っ子が、しかもやや母親が高齢で出産した一人っ子が、完全に母親のコントロール下におかれた状態で、そのまま成長していくことにつながっていきます。

この社会的な傾向はもはや後戻りすることなく、どんどん当たり前の現象になってくると思います。つまり、この本が出てからも、男の子と母親の関係はますます密接なものになっていったのです。というよりも、男の子と母親の関係が密接になっているからこそ、この本が多くの人に読まれたと言えるのかもしれません。

世の中は先例のないほど大きく変わり、それにどう対処するのが正しいのかわからないうちに、次々に子が育ち大人になり親になり世代交代していきます。しかも、個人生活化が進んだ世の中で、隣近所や社会全体からの接触も少なくなっています。こうした中で若者は、九〇年の人生時間をどのように過ごしていくのか、自分で考えて探っていかなければなりません。その間に、たとえ世の中がどのように変わっていこうとも、自分で対処していくしかないのです。

男がひとり、ただ生きていくだけなら、さほど難しいことではありません。自分のやりたいことを追求し続けているのであれば、それなりに幸福な人生を送れます。ただ、同時に、ある意味でそれはかなり困難なことでもあります。やりたいことをやるためには、やりたいことを見つけ、やりたいことをする時間が必要だからです。

これから先の社会では、自分のやりたいことを自分で見つける習慣がある男たちが、幸福になりやすいということは確かだ、と思います。

最後にもう一度言わせてください。男の子が幸福な人生を送るために必要なのは「世代交代できる大人に育つこと、自分のやりたいことを自分で見つけてくる習慣がある人間に育つこと、つまり、人の気持ちがわかるコミュニケーションの能力と、自らオモロイことを思いつく発想力がある人間に育つこと」です。このことをお子様の幸福のための教育の柱に据えて、お子様の教育を考えてほしいと思います。

末尾になりましたが、本書を最初に世に送り出してくださった扶桑社の田中亨氏、ライターの堀田康子さんをはじめ、多くの方々に感謝の意を捧《ささ》げます。今回の文庫化にあたっては、扶桑社の光明康成、秋葉俊二の両氏、ノアズブックスの梶原秀夫氏にもお世話になりました。そして何よりも、この本を手にしてくださった読者のみなさんに厚く御礼申し上げます。

二〇一三年九月

松永暢史

新訂版文庫本発刊に際してのあとがき

この本は二〇〇六年に扶桑社から刊行された『男の子を伸ばす母親は、ここが違う!』、その文庫本（二〇一三年発行）の新訂版です。すでに多くの読者に読まれてきたこの本を、こうして改めて新しい読者にお届けできるのは、著者としてまことに感慨深く、また感謝の念に堪えないものがあります。

この文章を書いている今、新型コロナウイルスのために、学校、図書館、体育館、児童館といった公共施設が閉鎖され、塾や教室も休業するところが多くなり、家の中でじっとしていられなくて困った子どもたちが、一斉に公園に出てきています。

普段はベンチに老人が腰掛けているだけの公園にどっと子どもたちが繰り出して、声を上げて走り回る姿を目にするのは、これが子どもの自然の姿だと実感でき、なんとも快いものです。しかし、これはその子どもたちの親が、外で遊ばせることを選択しているからです。事実、子どもたちの間には母親の姿があり、子どもの手を引いて公園に来ているのを見ることもできます。

この背後に、室内でゲームやスマホに興じる子供たちもたくさんいるであろうことを思うと、やや複雑な心境です。

筆者のもとにやってくる子どもたちは、学校や塾の疲れがないからなのか、それとも睡眠時間が充分なのか、皆とても元気で、集中力もあります。そして、「ねえ先生、次の焚《た》き火はいつやるの？」と聞いてきます。

そういえば、今年は生徒たちの中学受験の結果が思いのほかよかったのです。普段から本を読んで文章を書き、暗算を得意にして、休みの日には家族でフィールドワーク的なお出かけ。これで小学六年生の秋から受験勉強して、自宅近くの中高一貫校に受かってしまう。とくに公立の中高一貫校へは、そうしたアドバイスだけで受かってしまう子も多い。これは、中高一貫校がそうした子どもをこそ「伸びしろ」があると判断しているからに相違ありません。

高大接続システム改革は「座礁」したようですが、大学が本を読んで、自分で考えて文章化することができる人材を求めていく方向性はもう決定的です。

最後に、最近生徒たちに伝えている言葉を記してあとがきに代えたいと思います。

「この世で唯一の精神と肉体を与えられたキミがするべきことは、最大限にオモロい人生の探求だ。そしてそのためには『武装』が必要だ。自分でしっかり感じて、自分でしっかり考えて、自分でしっかり表現する力を身につけることが不可欠だ」

松永暢史

二〇二〇年四月

松永暢史（まつなが のぶふみ）
1957（昭和32）年東京都中野区生まれ。慶應義塾大学文学部哲学科卒。教育環境設定コンサルタント。「受験プロ」として音読法、作文法、サイコロ学習法、短期英語学習法など、さまざまな学習メソッドを開発。教育や学習の悩みに答える教育相談事務所V-net（ブイネット）を主宰。著書は『女の子を伸ばす母親は、ここが違う!』（小社刊）をはじめ、『びっくりサイコロ学習法』（主婦の友社）、『学校じゃ教えない「子供のアタマ」を良くする方法』（ワニ・プラス）、『男の子は10歳になったら育て方を変えなさい!』（大和書房）など多数。近著としては『落ち着かない・話を聞けない・マイペースな小学生男子の育て方』（すばる舎）、『「ズバ抜けた問題児」の伸ばし方』（主婦の友社）、『マンガで一発回答 2020年大学入試改革 丸わかりBOOK』（ワニ・プラス）がある。
ブイネット教育相談事務所
〒167-0042 東京都杉並区西荻北2-2-5 平野ビル3F
TEL 03-5382-8688　HP http://www.vnet-consul.com/

新訂版　男の子を伸ばす母親は、ここが違う!
発行日　2020年5月10日　初版第1刷発行

著　者　松永暢史
発行者　久保田榮一
発行所　株式会社 扶桑社
〒105-8070　東京都港区芝浦1-1-1　浜松町ビルディング
TEL（03）6368-8870（編集）（03）6368-8891（郵便室）
http://www.fusosha.co.jp

印刷・製本　株式会社 廣済堂

ISBN978-4-594-08468-4